디지털 화폐가
이끄는
돈의 미래

디지털 화폐가 이끄는 돈의 미래

비트코인에서 구글페이까지

라나 스워츠 지음 · 방진이 옮김

북카라반
CARAVAN

이 책은 돈의 특성과 역사를 날카로운 통찰력으로 꼼꼼하게 조사해 훌륭하게 정리했다. 저자는 핀테크 혁명이 우리와 사회에 미칠 영향을 알기 쉽게 설명해준다.

― 디 호크Dee Hock(비자카드 설립자·명예회장)

현금과 수표가 한물간 20세기의 유물이 되어가는 시점에 저자는 21세기의 결제 시스템에 관한 친절한 안내서를 내놓았다. 화려한 문체와 기발한 주장과 인상적인 사례로 가득한 이 책은 돈의 사회학에 독보적으로 기여한다.

― 비비아나 젤라이저Viviana A. Zelizer(미국의 사회학자)

이 책은 일상 속 거래를 규율하는 공동체·가상세계와 우리 지갑 속에 담긴 수많은 정체성을 돌아보는 투어를 능숙하게 이끈다. 이 책을 읽고 나면 우리의 금융 정체성을 통제하는 자가 누구인지, 돈이 작동하는 방식을 규정하는 자가 누구인지를 진지하게 고민할 수밖에 없을 것이다.

― 패트릭 머크Patrick Murck(비트코인재단 공동설립자)

돈이 커뮤니케이션 미디어라면 이 책은 완벽한 통역사다. 결제의 여러 기술과 인프라에 능통한 저자가 불투명한 거래의 대부분을 투명하게 설명하고 외국어처럼 낯선 최신 기술에 역사적·정치적 맥락을 부여한다.

- 케이트 크로퍼드Kate Crawford

(미국 뉴욕대학 연구교수·뉴욕대학 AI 나우연구소 공동설립자)

이 책은 흥미진진한 일화와 역사와 문학 사례로 가득하다. 저자는 금융 테크놀로지가 어떻게 우리가 사회활동을 하는 방식과 공동체에 소속된다는 것의 의미를 은밀하게 바꾸고 있는지를 아주 훌륭하게 보여준다.

- 조너선 지트레인Jonathan Zittrain(미국 하버드대학 법학과 교수)

돈의 사회사를 다룬 책 중에서 단연 돋보인다. 결제 시스템의 잘 알려지지 않은 역사와 테크놀로지의 문화 정치학을 낱낱이 보여준다. 저자는 돈이 무엇보다 커뮤니케이션 수단이라는 사실을 환기한다.

- 빌 모러Bill Maurer(미국의 인류학자)

돈, 신용카드, 포인트, 외상 등 일상적인 거래 행위를 하면서 우리는 가장 강력한 소셜미디어 플랫폼인 결제 시스템을 통해 특정 공동체, 정체성, 정치학에 속하게 된다. 돈은 말을 하고, 이 책은 돈이 하는 대화, 선언, 명령, 거짓말을 속속들이 밝혀낸다.

– 핀 브런튼Finn Brunton(미국 뉴욕대학 커뮤니케이션학과 부교수)

수많은 결제 시스템이 쏟아져나와 치열한 경쟁을 벌이고 있는 가운데 저자는 돈의 감춰진 인프라를 예리한 통찰력으로 분석한다. 지금 꼭 필요한 아주 훌륭한 책이다.

– 나이절 도드Nigel Dodd(영국의 사회학자)

저자는 아주 생생하고 친절한 문장으로 커뮤니케이션이 돈이 되고, 돈이 데이터가 되었다는 도발적인 관점으로 돈의 역사를 파헤친다. 우리가 꾸깃꾸깃한 지폐를 펼 때마다, 신용카드를 사용할 때마다, 금융 앱을 열 때마다 감춰진 세계가 이 책을 통해 훤히 드러난다.

– 버지니아 유뱅크스Virginia Eubanks(미국 뉴욕주립대학 정치학과 부교수)

차례

추천의 글 … **5**

프롤로그 ___ 돈은 어떻게 탄생하는가?

페이스북 '리브라'의 탄생 … **12**
우리는 매일 거래를 한다 … **16**
실리콘밸리가 돈에 주목하다 … **19**
돈은 정보와 상징을 표현한다 … **22**

chapter 1 ___ 돈은 어떻게 소셜미디어가 되었는가?

지폐에 나타난 '국가의 이미지' … **29**
지폐는 '국가의 피부' … **32**
페니 동전에 새겨진 '여성에게 선거권을' … **36**
미국의 1달러 동전, 새커거위아 … **38**
가난한 사람들의 이동을 막은 다리 … **41**
돈의 권력 … **44**
거래 공동체와 국가 공동 운명체 … **49**
매스미디어에서 소셜미디어로 … **54**
왜 페이스북으로 돈을 보낼 수 없을까? … **57**
SNS의 차세대 주자, 벤모 … **61**
현금 없는 사회가 가능할까? … **64**

chapter 2 ___ 돈의 역사

돈은 전 세계를 빛의 속도로 돌아다닐 것이다 … **71**
우체국장은 연방정부의 대변인이었다 … **74**

돈을 보내는 가장 빠른 통로 … 77

파란색 지폐, 여행자 수표 … 80

수표가 발행된 은행에 돌아오기까지 … 84

현금은 세상의 속도를 쫓아갈 수 없다 … 86

디지털 결제 서비스의 등장 … 92

인터넷을 뜨겁게 달군 프리미엄 카드의 탄생 … 99

눈길을 끄는 멋진 고객 … 102

신용카드는 라이프스타일을 반영한다 … 106

바람직한 배우자는 어떤 카드를 사용할까? … 109

회전인 그룹과 거래인 그룹 … 113

수수료는 왜 내는가? … 118

클럽처럼 운영된 다이너스클럽 … 121

내가 누군지 아시나요? … 124

돈이라고 생각하세요 … 128

은행들의 치열한 전쟁 … 131

긱 일자리와 1099 경제 … 135

신용카드는 빚의 앞잡이 … 139

초과 인출 수수료는 없습니다 … 143

카다시안 카드와 나스카 카드 … 147

선불카드를 사용하는 이유 … 151

카드가 말해주는 것 … 155

chapter 4 ＿돈의 정치학＿

크라우드펀딩이 서비스 약관 규정을 위반했다 … **161**

페이팔은 당신의 계정을 얼려버립니다 … **164**

오퍼레이션 초크 포인트 … **168**

내 돈을 내가 사용할 수 없다 … **172**

스타벅스에서 커피를 마시면, JP 모건 체이스가 결제한다 … **176**

ISO가 고위험군 상인들과 거래하는 이유 … **181**

페이팔의 개인 간 결제 서비스 … **185**

위험을 사고팔다 … **189**

위험을 완전히 봉쇄하는 방법 … **192**

사기가 멈추지 않는 세상 … **196**

인종차별적인 거래는 어떻게 분류되는가? … **199**

왜 현금으로 거래하는가? … **203**

chapter 5 ＿돈과 빅데이터＿

나는 전 남친이 한 일을 알고 있다 … **209**

온라인 프라이버시의 최후 … **213**

소셜미디어는 기억을 기록한다 … **218**

현금은 기억력이 나쁘다 … **220**

회계가 프랑스혁명의 원인이었다 … **225**

거래 데이터가 쌓이다 … **228**

거래 데이터는 사회 데이터가 되었다 … **231**

구글이 결제 시스템을 도입한 이유 … **235**

애플페이는 거래 정보를 수집하지 않는다 … **239**

벤모는 지갑이 아니다 … **245**

벤모가 깬 사회적 금기 ⋯ 248

chapter 6 ___ 돈과 디지털___

스타벅스의 디지털 화폐 ⋯ 255

비트코인의 등장 ⋯ 258

대안화폐의 역사 ⋯ 262

스타벅스 리워드 프로그램 ⋯ 266

국가가 돈을 규정하는 시대는 저물고 있다 ⋯ 271

국가 통화가 확립되기까지 ⋯ 276

돈은 끊임없이 변한다 ⋯ 279

리워드 프로그램이 만들어내는 거래 공동체 ⋯ 282

리워드 프로그램은 황금 수갑 ⋯ 287

데이터가 만든 고객 맞춤 프로그램 ⋯ 290

리워드 프로그램이 변경된다면 ⋯ 293

공동체 경제를 살리는 리워드 프로그램 ⋯ 296

포인트를 해방시키라 ⋯ 301

돈의 힘 ⋯ 304

에필로그 ___ 돈의 미래___

두 도시 이야기 ⋯ 308

모든 것의 앱, 위챗 ⋯ 311

거래 공동체를 오가는 삶 ⋯ 314

참고문헌 ⋯ 317

돈은 어떻게 탄생하는가?

●

페이스북 '리브라'의 탄생

2019년 6월, 페이스북은 디지털 화폐이자 금융 인프라인 리브라Libra의 도입 시기를 2020년으로 확정했다고 발표했다 (2020년 12월 리브라는 디엠Diem으로 명칭을 변경했다). 리브라의 홍보 영상은 기계식 전화기의 다이얼이 돌아가는 장면, 봉투를 닫기 전 덮개 끝에 혀를 대고 침을 바르는 장면, 송전탑에서 전파가 출렁이며 송출되는 장면, 팩시밀리가 귀에 거슬리는 소리를 내는 장면 등 커뮤니케이션 테크놀로지의 역사속 장면을 연달아 보여주는 것으로 시작된다.

"이것들이 정말 빠르다고 감탄하던 시절을 기억합니까?" 한 남자가 흥분해서 갈라진 목소리로 말한다. "커뮤니케이션 테크놀로지 덕분에 우리가 사는 이 세상은 눈부신 발전을 거듭했습니다." 영상에서 증권 거래소, 축구 비디오 게임, 최첨단 인공 팔이 눈앞을 스쳐 지나가는 동안 남자가 힘주어 다시 말한다. "이것들은 어디로든 이렇게 간단하게, 그것도 실시간으로 보낼 수 있는데……." 영상에는 욕조에 몸을 담그고 있는 사람이 보인다. 그 주위로 귀여운 강아지 사진, 하트 모양 이모티콘, 별 의미 없는 말로 채워진 말풍선이 차례로 튀어나온다. "왜 돈은 그것이 안 되는 걸까요?"

남자는 계속 말한다. "정말로 국제적이고, 안정적이며, 안전한 돈을 만들면 어떨까요?" 그사이 다음과 같은 장면이 차례로 지나간다. 창고에서 여자가 성인식용 드레스를 들고 걸어간다. 젊은 남녀가 함께 오토바이를 타고 바나나나무가 늘어선 시골길을 달린다. 자동차 안에서 여자가 스마트폰 화면을 뚫어져라 쳐다보고 있다. 수평선 너머로 검은 구름이 몰려오고 있다. 어부가 해변으로 작은 배를 끌고 올라온다.

"모든 사람을 세계경제로 초대할 수는 없을까요? 누구나 동등하게 기회를 누리는 그런 세계 금융 경제로요." 갑자기 화면이 바뀌면서 시장을 비춘다. 꽃, 생선, 야채를 옮기는 상인들이 보인다. 불이 환하게 켜진 어느 고층 빌딩의 화려한 사무실에서 젊은 여성이 전화를 받는 동안 엘리베이터 안에서 중년의 여성 청소부가 스마트폰 화면을 보는 장면이 등장한다.

왜 돈은 커뮤니케이션 세계와 같은 속도와 규모로 움직이지 않는 걸까? 어떻게 해야 돈이 모든 사람에게 사용 권한이 있고, 모든 사람이 안심하고 사용할 수 있는 것이 될까? 리브라의 홍보 영상은 이런 질문들을 던지고 있다. 이것은 이 책의 핵심 질문이기도 하다. 리브라는 모든 사람을 만족시키는 일상의 돈, 디지털 세계에 맞춰 설계된 일상의 돈이라는 비전을 제시하면서 그런 돈을 만들겠다고 약속한다. 리브라의 비전은 모호하기는 해도 여러 면에서 이 책에서 제기하는 의문과 맞닿아 있다. 그러나 리브라의 홍보 영상이 덮어버리는 질문도 있다. 무적처럼 보이는 실리콘밸리의 거대 기업들이 돈에 주목하면 어떤 일이 벌어질까?

이 책은 우리가 결제라고 부르는 커뮤니케이션 테크놀로지가 만들어내는 공동체와 그 공동체가 우리에게 부여하는 권리와 의무를 다룬다. 이렇게 만들어진 거래 공동체와 거래 정체성은 우리의 활동 반경과 선택권을 제한하고, 우리가 우리를 바라보는 방식을 규정한다.

결제 방식은 우리가 누구이며 어떤 집단에 속하는지를 나타낸다. 거래 공동체에서 배척당하면, 즉 거래 공동체의 '시민권'을 상실하면 당장 생계가 어려워질 수도 있다. 한 사람의 거래 정체성은 젠더, 계급, 직종, 언어, 지역 등 그 사람의 다른 정체성과 중첩되기도 한다. 거래 정체성은 일종의 공동체를 형성해서 우리의 행동을 규율하고 통제하기도 한다. 다시 말해 귀속, 포섭, 배제의 수단이 되기도 한다. 우리는 매일 수십 혹은 수백 건이 거래에 참여하면서 끊임없이 자신의 거래 정체성을 드러낸다.

●

우리는 매일 거래를 한다

미국에서는 매년 수십억 건의 거래가 이루어진다. 당신이 어떤 사람인지에 따라 달라지겠지만, 당신이 하루에 참여하리라고 짐작되는 거래의 예를 몇 가지 들어보겠다.

첫째, 스타벅스 리워드 앱을 여는 것으로 하루를 시작하고 넷플릭스 결제 수단인 카드가 유효기간이 만료되어 새 카드를 등록하는 것으로 하루를 마무리할 수 있다.

둘째, 버스에 승차하면서 무심히 교통카드를 찍을 수도 있고, 잔돈을 미리 준비하지 못해서 허둥댈 수도 있다. 고속도로 요금소에서 하이패스가 결제되거나 우버 앱에 등록한 카드로 이용 대금이 자동결제되어도 눈치채지 못할 수도 있다.

셋째, 구걸하는 노숙자에게 현금이 없어서 돈을 줄 수가 없다고 말할 수도 있다. 그냥 현금을 조금이라도 지니고 다니고 싶어서 일부러 현금인출기를 찾을 수도 있다. 가끔은 특별한 선물을 하려고 은행에 들러 빳빳한 100달러짜리 새 지폐로 바꿀 수도 있다. 늘 현금을 사용하는 사람일 수도 있다. 스퀘어Square*나 벤모Venmo**로 돈을 받는 노숙자일 수도 있다.

넷째, 음식값을 계산하려고 고급스러운 티타늄 체이스 사파이어 리저브 신용카드를 꺼내면서 누군가 알아주기를 바랄 수도 있다. 직불카드를 내면서 직불카드가 남들에게 어떤 인상을 주는지 한 번도 생각해본 적이 없을 수도 있다. 카드가 '승인 거절' 당하면 얼굴을 붉히면서 도입된 지 몇 년이 지났는데도 제대로 아는 사람이 한 명도 없는 듯한 신형 카드 리더기를 탓할 수도 있다. 선불카드가 편하다고 생각하면서도 온갖 터무니없는 수수료에 신물이 났을 수도 있다.

다섯째, 점심을 함께 먹은 친구가 자기 몫의 음식값을 벤모로 보낼 수도 있다. 두 사람만 아는 농담과 함께 이모티콘도 덧붙인다. 벤모 피드feed를 훑어보다가 친구들이 서로 주고받은 금액과 이모티콘을 보면서 혹시라도 따돌림 당하고 있는 것은 아닌지 궁금해할 수도 있다. 서비스 약관 규정을

● 트위터의 창업자 잭 도시Jack Dorsey가 2009년에 설립한 온라인 결제 서비스다.
●● 개인 간 모바일 결제와 SNS 기능이 통합된 모바일 앱이다.

위반했다면서 느닷없이 벤모 계정이 정지될 수도 있다. 그런데 정확한 이유를 알 방법도 없을 것이다.

여섯째, 벤모가 뭔지도 잘 모르는데 아이 돌보미나 반려견 돌보미가 수당을 벤모로 보내달라고 해서 화가 날 수도 있다. 또한 슈퍼마켓 계산대에서 굳이 수표로 계산하겠다고 고집을 부리는 사람 때문에 줄을 선 채로 한참을 기다려야 할 때면 짜증이 날 수도 있다.

프랑스의 역사학자 페르낭 브로델Fernand Braudel은 돈을 '일상생활의 구조'의 기본 요소라고 했다. 그가 묘사한 중세 사회에도 통하는 주장이지만, 현대 사회에도 통하는 주장이다. 돈은 상당히 포괄적인 용어다. 경제학자나 돈에 관심이 있는 비경제학자들이 일상생활에서 돈이 어떤 기능을 하는지, 즉 결제 수단으로서 돈에 대해 연구하는 일은 거의 없다. 미국의 인류학자 빌 모러Bill Maurer의 표현대로 결제 시스템은 '현대 경제의 배관'이고 미국 연방준비제도이사회의 표현대로 '상업의 고속도로'다. 나는 돈이 커뮤니케이션 미디어라고 생각한다. 우리는 매일 하루에도 몇 번씩 돈이라는 커뮤니케이션 미디어를 이용하고 있다.

현금, 카드, 수표, 결제 앱은 단순히 금전적 가치만 전달하지 않는다. 신용카드에는 우리가 우리를 어떻게 바라보는지, 권력기관이 우리를 어떻게 바라보는지에 관한 정보가 담겨 있다. 거래의 특성과 거래에 관여하는 당사자들의 관계에 관한 정보도 담겨 있다. 거래는 사회적·문화적·관계적 의미의 일부가 되고, 또한 그런 의미를 반영한다. 그 의미는 거래를 수행하는 종이 또는 전자 형태의 커뮤니케이션 테크놀로지와 미디어 테크놀로지를 만들어내고, 그것은 다시 그런 의미를 만들어낸다.

•
실리콘밸리가 돈에 주목하다

거래는 그 자체로 거대 산업이기도 하다. 전 세계적으로 결제 산업의 한 해 매출은 거의 2조 달러에 달한다. 이는 다국적 제약 기업들의 매출을 전부 합한 것보다도 많고, 여러 미디어 산업의 매출을 합한 것보다도 많다. 흔히 증권 거래소에서 펼쳐지는 현란한 거래가 금융 산업의 꽃이라고 생각하지만, 실은 결제 산업 부문이야말로 금융 기업의 주요 수입원이다.

그런데도 거래 테크놀로지가 주목받는 일은 거의 없다. 카드를 사용하면 계좌에서 돈이 즉시 또는 일정 기간이 지난 뒤에 빠져나간다. 그런데 이 두 사건 사이에 어떤 일이 벌어지는지 궁금하지 않은가? 거래 테크놀로지는 우리 사회의 필수 정보 인프라이고, 그 자체로 거대 산업인데도 우리는 그것에 관심이 없다. 테크놀로지를 연구하는 학자들은 바로 그렇기 때문에 이 인프라가 제대로 작동하고 있다는 것을 알 수 있다고 말한다. 문제를 일으키지 않는 인프라가 어떻게 작동하는지 이해하려고 굳이 애쓸 필요가 없지 않은가.

그런데 이제 결제 시스템의 작동 방식이 아주 빠르게 변하고 있다. 한때는 보이지 않는 곳에서 별다른 굴곡 없이 돌아가던 결제 산업이 조명을 받기 시작했고, 자연스럽게 실리콘밸리의 '파괴적 혁신'의 대상이 되었다. 실리콘밸리에서도 결제는 그 자체로 거대 산업이다. 한 해에 금융 테크놀로지, 즉 핀테크FinTech에 몰려드는 벤처 투자금만 거의 130억 달러에 이른다. 결제 서비스 산업은 금융 서비스 산업이 아닌 소셜미디어 산업으로 재편되고 있다.

예컨대 정부 발행 화폐나 비자카드·마스터카드 같은 보편적이고 상호 호환이 되는 현재의 결제 서비스 시스템이 각각의 서비스업체 고유의 설계, 비전, 사업 모델, 관리 체제를 갖춘 틈새 플랫폼에 자리를 내주고 있다. 돈이 소셜미디어, 즉 사회적 매체로 탈바꿈하고 있는 것이다.

빅데이터가 이런 결제 산업의 변화를 주도하고 있지만, 그에 못지않게 스스로 결제 산업을 주도하려고 하는 사람들이 있다. 무정부 자본주의자들의 암호화폐인 비트코인에서 한 걸음 더 나아가 국가의 통제를 받지 않는 민간 화폐, 중개인을 배제한 직접적인 경제 커뮤니케이션, 완벽한 사생활 보장 또는 완벽한 거래 투명성 보장 등 다분히 정치적인 목적을 추구하는 사람이 많다.

지역화폐나 대안화폐를 꿈꾸는 시민운동가들 외에도 금융 스타트업들이 느리고 윤리적인 태도로 돈을 공유와 같은 새로운 가치관에 뿌리를 두고 접근해야 한다고 목소리를 높인다. 사람들이 돈을 재해석의 여지가 있는 유동적인 것으로 여기기 시작했다. 돈을 바꾸면 세상도 바뀐다. 돈을 대신하는 무언가라는 관념은 공상과학 소설이나 유토피아의 전유물이 아니다. 이미 우리 주변 곳곳에 존재하며 매일 사용하고 있다.

이 책은 거래 테크놀로지를 둘러싼 문화와 정치를 설명하면서 돈이 특정 기술에 의존하는 커뮤니케이션 미디어라는 새로운 관점을 제시한다. 보이지 않는 결제 과정과 인프라, 특정 결제 시스템에서 소외된 보이지 않는 사람들 등 이 책에서 다루는 것들은 대체로 우리의 시선에서 벗어나 있다. 이 책에서는 실리콘밸리가 지향하는 '파괴적 혁신'에 역사적 맥락을 부여하고 기술변화가 가져올 미래에 대한 사람들의 기대와 편견을 바로잡는다. 앞으로 결제 서비스의 핵심 메커니즘을 하나씩 살펴보면서 그것이 어떤 식으로 작동하는지, 어떻게 그런 형태를 띠게 되었는지, 현재 어떤 변화를 겪고 있는지, 그런 변화로 누가 어떤 결과에 직면하게 될지를 알아보자.

•

돈은 정보와 상징을 표현한다

돈이 커뮤니케이션의 한 형태임을 알아차린 학자들이 있었다. 아리스토텔레스는 돈의 기능을 정리하면서 돈이 '교환 미디어' 역할을 한다고 말했다. 이마누엘 칸트Immanuel Kant는 돈이 "사물을 활용하는 인간의 커뮤니케이션 수단 중 가장 뛰어나고 쓸 만한 수단"이라고 여겼다. 미국의 사회학자 탤컷 파슨스Talcott Parsons는 돈을 "정해진 규칙에 따라 의미를 부여하고 기호를 사용하는 일반화된 커뮤니케이션 미디어"라고 설명했다. 오스트리아 출신의 미국 사회철학자 칼 폴라니 Karl Polanyi는 돈이 "말과 글 또는 도량형과 유사한 의미 체계"라고 주장했다.

그러나 이 책에서 언급되는 몇몇 중요한 예외를 빼면 커뮤니케이션과 미디어를 연구하는 학자들은 돈에 별다른 관심을 보이지 않았다. 돈은 가치 정보를 전달한다. 내가 당신에게 20달러를 지불한다. 이것은 내 잔고가 그만큼 줄어들고 당신의 잔고가 그만큼 늘어난다는 것을 의미한다. 내가 당신에게 돈을 지불하는 행위와 그 방식은 우리 두 사람의 관계에 관한 정보를 당신에게 전달한다. 돈은 종이, 정보 시스템, 인터네트워크internetwork(통신망) 같은 미디어와 인프라를 통해 정보를 전달한다. 이들 미디어에는 미디어를 발행하고 보증하는 기관의 상징이 부여된다. 돈은 정보와 상징을 표현하고 매개한다. 돈은 그 자체로 커뮤니케이션인 동시에 커뮤니케이션의 수단이자 대상이다.

이 책에서는 돈의 모든 측면을 다루지는 않는다. 오히려 시야를 한껏 좁혀서 커뮤니케이션 미디어, 즉 돈이 결제 수단이라는 것에 초점을 맞춘다. 우리는 돈의 정치학을 이야기할 때 경제적인 관점에서만 접근하는 경향이 있다. 누가 돈을 쥐고 있고, 누가 돈이 없는지, 그 이유는 무엇인지 등에만 관심이 있다. 결제 테크놀로지는 단순히 경제적이기만 한 것이 아니라 돌고 도는 순환적인 속성을 지닌다. 돈의 정치학은 커뮤니케이션의 정치학이다. 누가 커뮤니케이션 인프라를 통제하고 그 인프라에서 이득을 얻는지, 그 인프라는 누가 어떤 조건하에서 이용할 수 있는지, 그 인프라를 통해 어떤 것들이 이동하는지 등에도 주목할 필요가 있다.

돈의 정치학은 공공재와 사익, 프라이버시권과 퍼블리시티권과 같은 문제와도 관련이 깊다. 결제 시스템은 우리가 일상생활에서 돈을 접하는 통로이자, 돈이 상징적이라는 것을 증명한다. 빌 모러는 돈에 관한 연구, 더 넓게는 현대 사회에 관한 연구가 그동안 결제 서비스를 등한시했지만, 실은 매우 중요한 연구 주제라고 지적했다. 이 책에서는 커뮤니케이션 과 미디어의 관점에서 결제 서비스를 살펴본다. 따라서 이 책 에서 다루는 돈은 커뮤니케이션의 한 유형이자 수단이다.

돈은 어떻게
소셜미디어가
되었는가?

•

지폐에 나타난 '국가의 이미지'

커뮤니케이션학자 제임스 케리James Carey는 커뮤니케이션을 "현실을 만들어내고, 유지하고, 수정하고, 바꾸는 상징적인 절차"로 규정한다. 커뮤니케이션은 정보의 공유이며, 따라서 공유된 의미, 더 나아가 공유된 사회를 만들어낸다. 요컨대 커뮤니케이션은 사회적 삶의 핵심 내용이다. 미국 실용주의 전통을 따르는 존 듀이John Dewey 같은 사회학자들과 마찬가지로 케리는 커뮤니케이션이 단순히 세계를 기록하고 그것을 공유하는 것에 머물지 않는다고 생각했다. 그는 커뮤니케이션이 세계가 구조화되는 과정 그 자체라고 생각했다.

그는 이 이론을 구체화하면서 커뮤니케이션을 전송傳送으로 보는 관점과 의식儀式으로 보는 관점으로 구별할 수 있다고 제안한다. 커뮤니케이션을 전송으로 보는 관점은 공간을 가로질러 발신자에서 수신자로 정보를 운반하는 것과 그 운반 과정을 통제하는 것을 커뮤니케이션이라고 정의한다.

그가 활동할 당시에는 커뮤니케이션을 전송으로 보는 관점이 주류였다. 그래서 모든 커뮤니케이션을 신호의 수리경제학數理經濟學으로 환원하는 사이버네틱 패러다임cybernetic paradigm이나, 서로 떨어진 사람들을 관리하는 커뮤니케이션 시스템이나, 매스미디어의 청취자나 시청자를 메시지의 수신자로 상정한 다음 메시지가 그들에게 예측 가능한 효력을 발휘한다는 가정하에 매스미디어를 연구했다. 커뮤니케이션을 의식이라는 관점에서 접근한 케리는 커뮤니케이션이 단순히 정보가 이동하는 것이 아닌 사회의 현 상태를 유지하는 것이라고 주장한다. 요컨대 커뮤니케이션은 정보를 건네는 행위가 아닌 공유된 신념을 표현하는 행위라고 본 것이다.

커뮤니케이션을 전송으로 본다면 신문은 소식과 지식을 퍼뜨리는 도구다. 의식으로 보는 관점에서는 신문을 읽는 행위가 정보를 전달하거나 수집하는 행위라기보다는 모임에 참가하는 행위가 된다. 이 모임에서는 새로운 것이 학습되지는 않지만 특정 세계관이 표현되고 강화된다. 케리는 커뮤니케이션에 의식이라는 렌즈, 즉 문화적 접근법을 적용해야만 실제로 중요한 상징이 창조되고 이해되고 사용되는 사회적 절차를 연구할 수 있으며, 그런 연구를 통해 궁극적으로는 우리의 공통 문화를 재형성하는 데 기여하는 커뮤니케이션을 분석하는 틀을 복원할 수 있다고 주장한다.

지폐는 인쇄 미디어이므로 당연히 상징적인 메시지를 전달한다. 거래는 언제나 말 그대로 무언가가 오가는 것이다. 커뮤니케이션 이론가 존 디럼 피터스John Durham Peters는 "돈은 결국 미디어이며, 교환 미디어일 뿐 아니라 표현 미디어"라고 말한다. 한 국가의 통화 디자인을 보면 그 국가가 어떤 이미지를 추구하는지 알 수 있다.

미국 독립전쟁 중에 매사추세츠주에서 발행한 지폐에는 검을 휘두르는 애국자가 마그나카르타Magna Carta(대헌장)를 펼쳐들고 있는 그림과 함께 '미국의 자유를 수호하기 위해 발행함'이라는 문구가 새겨져 있었다. 캐나다가 건국 초기에 발행한 지폐들은 캐나다에서 흔히 볼 수 있는 풍경으로 채워져 있었다. 그 풍경은 투지가 넘치기보다는 목가적이었고, 신비한 분위기를 자아내기보다는 지극히 소박했다. 유로는 특정되지 않은 '유럽적인 것'의 느낌을 내고자 했다. 유로에 인쇄된 상상 속 다리는 유럽 국가들이 공유하는 과거의 건축 양식을 보여주지만 어디에도 존재하지 않는다. 이런 형상화는 지폐가 청중을 전제로 하는 인쇄 미디어라는 사실을 보여준다.

•

지폐는 '국가의 피부'

영국 박물관의 지폐 큐레이터 버지니아 휴잇Virginia Hewitt은 지폐가 "공식적으로 승인받은 프로파간다를 유포해서 수신자의 관점에 영향을 미칠 수 있는 독점적인 기회"를 제공한다고 설명한다.

미국의 역사가 데이비드 헨킨David Henkin은 남북전쟁 전문맹률이 높은 미국인에게는 뉴욕 같은 도시에서 전단지나 거리 표지판 등을 해독하는 일이 어려웠다고 지적하면서, 이에 못지않게 현금 사용법을 익히는 일도 매우 중요한 것이라고 말한다. 인류학자 로버트 존 포스터Robert John Foster는 멜라네시아 사람들이 지폐를 '국가의 피부'로 생각한다고 설명한다. 그래서 그들은 백인의 지폐를 "백인 세계와 처음 접촉한 이후 자신들에게 강력한 영향력을 행사하는 세력에 관한 소식을 얻을 수 있는 창구"로 여겼다.

시민들이 지폐로 새로운 유형의 이야기를 전하도록 정부에 압력을 가할 때도 있다. 2015년에 시작된 '여성을 20달러 지폐에 올리기Women On $20s' 운동의 목적은 미국의 20달러 지폐에 새겨진 제7대 대통령 앤드루 잭슨Andrew Jackson의 초상화를 여성으로 교체하는 것이었다. 20달러 지폐를 대상으로 삼은 이유는 여성에게 투표권을 부여한 수정 헌법 제19조의 100주년인 2020년을 기념하는 의미도 있고, 앤드루 잭슨이 원주민을 학살했다는 사실이 밝혀져 그의 초상화를 교체하는 것이 당연하게 여겨졌기 때문이다. 온라인 설문조사 결과 해리엇 터브먼Harriet Tubman*이 교체 후보로 선정되었다.

2015년 후반기에 당시 미국 재무부 장관이던 제이컵 루Jacob Lew는 이미 오래전부터 디자인을 바꾸기로 예정되어 있던 10달러 지폐에 실린 알렉산더 해밀턴Alexander Hamilton**의 초상화를 여성으로 바꿀 것이라고 발표했다. 이 결정은 엄청난 반대에 부딪혔다. 당시 미국 브로드웨이 뮤지컬 〈해밀턴〉이 흥행에 성공하면서 그의 인기가 치솟았기 때문이다(이 뮤지컬은 알렉산더 해밀턴이 미국 은행 제도 확립에 중요한 역할을 했다는 사실도 널리 알렸다). 2016년 제이컵 루는 10달러 지폐의 해밀턴 초상화는 그대로 두고, 그 대신 20달러 지폐에 해리엇 터브먼의 초상화를 싣기로 했다고 발표했다.

그러나 화폐를 통해 여성과 아프리카계 미국인의 역사를 기리고자 노력한 사람들을 맥 빠지게 하는 소식이 전해졌다. 2017년에 트럼프 정부가 이 계획을 백지화한 것이다. 트럼프는 20달러 지폐의 초상화를 교체하지 않는 이유를 이렇게 설

● 　미국의 인권운동가이자 흑인운동가로 남북전쟁에서 여성 최초로 무장 군대를 이끌었다. 흑인들은 그를 '검은 모세'라고 불렀다.
●● 　미국 건국의 아버지 중 한 명으로 꼽히며, 초대 정부의 재무부 장관을 지냈다.

명했다. "앤드루 잭슨은 위대한 업적을 남긴 인물이고, 누군가를 지폐에서 없애는 것은 아주 잔인하다고 생각한다. 앤드루 잭슨은 미국의 성공에 엄청나게 기여했다.……앤드루 잭슨은 그대로 두고, 아마도 2달러 지폐나 다른 지폐를 고려할 수는 있다. 어쨌거나 앤드루 잭슨을 교체하는 것은 바람직하지 않다. 그것은 순전히 정치적 올바름만을 위한 것이다. 아주 오랫동안 20달러 지폐에 실렸고, 이 나라에서 아주 중요한 사람이라는 것을 잘 보여주었다."

2017년 트럼프 정부의 재무부 장관 스티븐 므누신Steven Mnuchin은 20달러 지폐에 해리엇 터브먼의 초상화를 싣는 계획이 어떻게 되었는지 묻는 질문에 이렇게 답했다. "지폐의 초상화는 꽤 오래전부터 그 자리에 있었다. 그 일은 고려해 보겠지만, 지금 낭킹은 해결해야 할 더 중요한 일이 많이 있다." 백악관 보좌관을 지낸 오마로사 매니골트 뉴먼Omarosa Manigault Newman은 트럼프의 의도가 훨씬 더 단순했다고 말한다. 트럼프는 그 계획에 적극적으로 반대했다고 전해진다. "저 얼굴을 20달러 지폐에 실으라고?" 지폐가 국가의 피부인 것은 확실해 보인다.

●

페니 동전에 새겨진 '여성에게 선거권을'

2018년 예술가 다노 월Dano Wall은 앤드루 잭슨의 얼굴을 해리엇 터브먼의 얼굴로 덮어버릴 수 있는 스탬프를 제작했다. 그는 이 스탬프를 판매했고 원하는 사람은 누구나 3D프린터로 직접 스탬프를 제작할 수 있도록 프로그램 파일도 공개했다. 이 프로젝트에 대해 그는 이렇게 말했다.

"이 나라와 정부는 우리를 제대로 대변하지 않는다. 사회가 누구를 기릴 것인가 하는 선택은 우리가 성장하면서 내면에 자리 잡는 도덕적 관념에 영향을 미친다. 누군가가 해리엇 터브먼이 새겨진 20달러 지폐를 사용할 때마다 그의 얼굴을 보게 되는 것의 효과를 결코 과소평가해서는 안 된다. 터브먼과 같은 인물이 사회의 대표라고 선언함으로써 비록 눈에 보이지는 않아도 터브먼과 자신을 동일시하는 사람에게 아주 깊은 영향을 미칠 것이고 그 사람이 이 사회에 자리 잡는 데 긍정적인 역할을 할 것이다. 누군가가 직접 스탬프로 찍은 터브먼의 얼굴이라는 다소 불온한 요소가 더해져서 20달러 지폐를 만나는 일이 한결 더 즐겁게 느껴질 것이다."

1900년대 초에 영국의 여성 참정권 운동가들은 최대한 많은 사람에게 보통선거라는 이념을 유포하기 위해 '여성에게 선거권을'이라는 구호를 페니 동전에 새겨넣었다. 페니는 영국 사회의 모든 계층이 사용하는 동전이었고, 공공 기물 파손을 이유로 회수당하기에는 너무 적은 금액의 돈이었기 때문이다.

인류학자 캐런 스트래슬러Karen Strassler가 소개한 사례도 여기에 해당한다고 볼 수 있다. 인도네시아에서는 수하르토Suharto가 정권에서 물러난 뒤 루피아 지폐의 수하르토 초상화를 야당 대통령 후보인 메가와티 수카르노푸트리 Megawati Sukarnoputri의 초상화 스티커로 덮어 교체했다. 이것은 논에 내란 국기떡 숭배를 유토피아적 상상의 '인위적인 산물'로 바꾸었고, 그 과정에서 현대 인도네시아 정치 커뮤니케이션의 필수 요소가 되었다.

●

미국의 1달러 동전, 새커거위아

서로 다른 역사적·문화적 맥락을 지닌 이들 사례에서 지폐는 미디어 논쟁, 즉 누구를 대변할 것인지를 둘러싼 전장이 되었다. 각 사례는 지폐가 단순히 가치를 전송하는 데 그치지 않고, 공유된 사회적 현실을 만들어낸다는 것을 보여준다. 또한 사람들이 돈을 재인식하고, 그것을 대중문화로 편입시키려고 시도한다.

그러나 돈은 그 돈에 부여된 본래의 상징 외에도 많은 것을 표현한다. 미국의 사회학자 비비아나 젤라이저Viviana A. Zelizer는 돈의 사회적 의미가 유동적이라는 사실을 아주 설득력 있게 보여주었다. 다양한 사회적 의미를 담기 위해 우리는 '특수한 돈'을 만들어낸다. 그는 미국에서 어머니날에 선물용으로 제작하는 스파 이용권, 중국에서 춘제春節에만 사용하는 특별한 빨간 봉투 등을 그런 예로 든다.

우리가 돈에 남기는 '귀표'가 눈에 보이지 않을 때도 있다. 그 표식은 오직 우리 머릿속에만 기록된다. 예컨대 우리는 급여로 받은 돈과 아기의 돌잔치 때 받은 돈과 도박으로 딴 돈을 신중하게 구분한다. 젤라이저는 "달러 지폐는 겉으로 보기에 똑같은 모양을 하고 있지만, 현대의 돈은 늘 분류되고 있다"라고 주장한다.

돈에 부여되는 사회적 귀표는 단순히 그 돈을 주고받는 두 사람 사이의 대응 관계만을 기록하지 않는다. 미국의 해리엇 터브먼과 20달러 지폐, 영국의 여성 참정권 운동과 페니 동전, 인도네시아의 정권 교체와 루피아 지폐처럼 집단이나 단체가 사회적 귀표를 남기기도 한다. 단순히 개인들의 관계를 분류하고 표시하기 위해 사용되는 것이 아니라 과거, 현재, 미래에 관한 새로운 이야기를 전하기 위해 사용된다.

돈에 표식을 더하거나 새로운 돈을 만들어내지 않았는데도 새로운 이야기가 생겨날 때도 있다 오늘날 미국의 1달러 동전 새커거위아는 에콰도르에서 자국 화폐와 마찬가지로 통용된다. 인류학자 테일러 넬름스Taylor Nelms에 따르면, 에콰도르인들은 동전 앞면에 새겨진 북미 인디언 쇼쇼족 여성인 새커거위아Sacagawea가 등에 아기를 업고 있는 모습에 친숙함을 느끼면서 아주 자연스럽게 받아들인다.

물론 지폐만 커뮤니케이션 수단이 되는 것은 아니다. 신용카드는 상징적인 의미를 전달하도록 설계되었다. 이를테면 신용카드 소지자가 부자라거나, 해군 신용조합의 조합원이라거나, 헬로 키티 팬이라거나……. 그래서 신용카드도 다채로운 사회적 의미를 표현하는 수단으로 사용된다. 그러나 돈이 커뮤니케이션 수단으로서 항상 이렇게 상징적인 것은 아니다.

비록 제임스 케리는 커뮤니케이션을 전송으로 보는 관점과 의식으로 보는 관점으로 나누었지만, 이것을 깔끔하고 완벽하게 상호배타적인 이분법적인 분류로 이해해서는 안 된다. 상징 대 비상징, 전송 대 의식처럼 이분법적인 잣대를 고집하면 영국의 미디어학자 조너선 스턴Jonathan Sterne이 지적한 대로 "사회적 현실이 상징의 단계에서 고정되는 세계가 아닌 지속적으로 건설되고 조직되는 유동적인 세계"라는 사실을 놓치게 된다. 전송 자체가 지닌 의식적인 측면도 주목해야 하며, 전송이 공유된 사회적 현실을 만들어내는 방식도 관심을 가져야 한다.

가난한 사람들의 이동을 막은 다리

돈의 테크놀로지는 화폐의 기본 단위인 동전과 관련이 있다. 그러나 동전이 이동하는 인프라와 동전의 이동을 기록하는 정보 시스템과도 관련이 있다. 따라서 겉으로 보기에는 상징적이지 않은 전송과 기록에도 주의를 기울여야 한다. 프랑스의 사회과학자 브뤼노 라투르Bruno Latour가 1991년에 테크놀로지를 '내구성을 갖춘 사회'라고 묘사한 것에 빗대어 정보학자 레아 리브루Leah Lievrouw가 설명하듯이 테크놀로지를 '내구성을 갖춘 커뮤니케이션'으로 이해해야 하는지도 모른다. 미디어학자 로저 실버스톤Roger Silverstone은 커뮤니케이션 테크놀로지가 의미를 전달하는 도구이면서도 그 자체로 의미를 지닌다는 점에서 언어와 유사하다고 설명한다.

미디어 역사학자 캐럴린 마빈Carolyn Marvin은 제임스 케리가 종종 테크놀로지를 의식에 반발하는 것이나 공동체를 위협하는 것으로 취급하는 경향이 있다고 주장한다. 그러면서 그가 예로 든 신문 읽기라는 의식에 관여하지만 상징과는 무관한 모든 전송 테크놀로지를 조목조목 나열한다.

"배송 트럭, 트럭이 이동하는 도로, 인쇄 작업에 동원되는 인공위성, 인공위성을 하늘에 띄운 발사체, 도로와 전화기, 노트북뿐만 아니라 연필과 공책을 사용하는 기자들이 없다면 신문은 독자의 손에 도달할 수 없다. 언어를 변형하고 전달하는 표준화된 기술, 요컨대 알파벳과 알파벳 활용법을 익히는 정규 훈련 과정도 밟아야 한다. 신문 읽기는 테크놀로지로 채워진 다른 환경들에도 관련이 있다. 이를테면 일요일의 가정집, 출근길 지하철, 자동 커피메이커, 복잡한 가족·이웃·이방인·젠더·계급 관계 등의 일부로 여겨진다. 보완적·경쟁적·중첩적 연결망을 통해 시민들 사이에서 복잡하고 중요한 방식으로 수천 가지 패턴과 질감이 형성되는 테크놀로지의 산물들이 없다면 신문 읽기도 없다."

달리 말하면 상징의 생산과 해석이 공유된 사회적 현실을 만들어내는 의식의 전부라고 생각해서는 안 된다. 그런 상징의 배포, 즉 전송과 커뮤니케이션의 통로가 되는 인프라도 그런 의식에 포함된다.

미국의 사회학자 수전 리 스타Susan Leigh Star는 공유된 대규모 테크놀로지와 더불어 그런 테크놀로지를 만들어내고, 그것에 의해 만들어지는 분류법과 표준에 주목해야 한다고 주장한다. "도시를 연구하면서 도시의 배관과 전력 공급망을 무시하면 도시에서 핵심적인 역할을 하는 것을 놓치게 된다. 그리고 정보 시스템을 연구하면서 정보 시스템의 표준·경로·설정을 무시하면, 그에 못지않게 중요한 정보 시스템의 미학·정의·변화의 측면을 놓치게 된다." 커뮤니케이션 인프라는 우리가 직접 경험하는 것이며, 우리 일상생활의 일부다.

스타는 미국의 정치학자 랭던 위너Langdon Winner가 언급한 뉴욕의 도시계획가 로버트 모지스Robert Moses의 사례를 인용한다. 모지스는 그랜드 센트럴 파크웨이를 가로지르는 다리의 상부 구조물 높이를 일부러 낮게 설계해 공공 버스가 지나다닐 수 없도록 했다. 가난한 사람들이 부유한 지역인 롱아일랜드 근교로 쉽게 오갈 수 있는 길을 막은 것이다. 스타는 말한다. "대규모 정보 인프라에는 수백만 개의 작은 다리가 건설되어 있다. 그리고 그 다리들을 건널 수 없는 공공 버스 수백 대가 존재한다." 폴 에드워즈Paul Edwards가 주장했듯이 인프라는 법처럼 작용한다. 그는 "서로 맞물려 있는 다중적인 현대사회의 인프라 속에서 살아간다는 것은 우리를 자유롭게 하는 동시에 구속하는 거대한 시스템에서 자신의 위치를 안다는 것을 의미한다"라고 말한다.

로버트 모지스가 설계한 다리가 도시 생활자들이 근교로 쉽게 이동하지 못하게 막은 것은 사실이었다. 그런데 그런 인프라의 힘은 우리의 의식적 경험에도 작용한다. "자신의 위치를 안다는 것"에 관여하기 때문이다. 오늘날 결제 시스템에는 어떤 낮은 다리가 건설되어 있을까? 그런 다리들은 우리가 어떤 곳에 속하는지 또는 속하지 않는지를 어떤 방식으로 알리고 있는가?

●

돈의 권력

영국의 사회학자 나이절 도드Nigel Dodd는 "돈은 사물이 아닌 처리 절차이며, 사회관계로 구성된다"라고 주장한다. 그러나 돈은 처리 절차에 관여하는 사물이기도 하다. 철학자 제인 베넷Jane Bennet의 설명처럼 세상을 돌아다니는 생명력이 있는 사물이다. 다른 미디어 테크놀로지처럼 물성을 지니며 그 물성은 디지털화에도 약해지지 않았으며 오히려 경로, 이더넷 Ethernet(근거리통신망), 서버, 스펙트럼 같은 새로운 물성을 얻는다. 이런 돈의 물성을 개발하고 유지하는 것은 사람이다. 인간의 노동이 돈의 물성을 반복 생산한다.

커뮤니케이션에 전송적 측면과 의식적 측면이 모두 존재한다는 것을 인정해야만, 미디어와 인프라가 만들어내는 의미와 권력을 이해할 수 있다. 제임스 케리는 커뮤니케이션이라는 의식이 공유된 사회적 현실을 만들어낼 뿐만 아니라 더 깊은 교감도 이끌어낸다고 주장한다. 그러나 커뮤니케이션학자 그레첸 소덜룬드Gretchen Soderlund는 케리처럼 커뮤니케이션이 의식이라는 관점을 고집하면 커뮤니케이션이 단절하기도 하고, 탄압도 한다는 숭요건 사실을 놓치게 된다고 지적한다.

커뮤니케이션은 종종 배제와 위계에 뿌리를 두고 있으며 어떤 집단에서는 공동체 형성을 돕지만, 어떤 집단에서는 분열을 조장한다. 커뮤니케이션은 권력에 의해 변질되기 쉬워서 특정 집단의 이익을 대변하고 특정 정보의 유통을 장려하면서 나머지 집단과 정보는 희생시키기도 한다.

존 더럼 피터스와 시빌 크래머Sybille Krämer와 같은 커뮤니케이션 이론가들은 케리의 접근법이 의식적 커뮤니케이션과 그것이 만들어내는 공동체를 한없이 낭만적으로 바라본다고 비판하면서 커뮤니케이션을 전송으로 보는 관점을 재조명한다. 크래머는 우리가 완벽하게 하나가 되어 단 하나의 공동체로 통합될 수 있다는 생각은 궁극적으로는 동질화의 추구로 이어진다고 설명한다. 그는 의식적 접근법이 차이를 제거해버린다고도 주장한다. 우리가 경험하는 것을 경험하지 못하는 자들을 배제한다는 것이다.

그런 면에서 공동체 형성에 초점을 맞추면 오히려 진정한 교감이 불가능해질 수 있다. 더 나아가 동질화를 추구하는 것이 과연 바람직한지도 의심해볼 필요가 있다. 소덜룬드가 주장하듯이 "커뮤니케이션학자와 정치학자들은 공동체라는 용어를 아낌없이 쓰지만, 왜 그 용어가 바람직하고 이상적인 모든 것을 가리키는 말이 되었는지를 먼저 고민"해야 한다.

피터스와 크래머 두 학자 모두 돈을 전송적 커뮤니케이션의 대표적인 예로 든다. 피터스는 돈이 미디어이기 때문에 보편적인 혐오의 대상이 되는 것이라고 주장한다. 사람들은 돈을 불신하는 경향이 있는데, 그것은 돈이 사람과 사람, 사람과 재산, 사람과 노동 사이를 오가는 중개자이기 때문이다. 카를 마르크스Karl Marx의 표현대로 "돈은 욕구와 대상, 생명과 생계 수단을 이어주는 매개체"다. 돈은 직접적인 교류 활동에 끼어들어 관계를 왜곡하기도 한다. 그렇다면 돈에 대한 불신은 중개 행위에 대한 불신을 의미한다.

돈이 휘두르는 가장 강력한 권력은 사물에 가격을 부여하는 능력일 것이다. 크래머는 이 능력에 대해 설명하면서 그 파급력에 혀를 내두른다. 돈은 사물에 가격을 부여함으로써 모든 것을 동등하고 비교 가능한 것으로 환원하고 사물의 질을 양으로 변환한다. 돈은 차이를 매개하고, 갈등을 해결하고, 커뮤니케이션의 수단이 된다. 다른 사람을 속속들이 아는 것은 불가능해도 돈을 매개체로 삼으면 그 사람과 타협하는 것은 가능하다.

젤라이저는 우리가 일상생활에서 돈과 인간관계를 대할 때 두 입장 중 하나를 취하는 경향이 있다고 설명한다. 한편으로 우리는 돈과 인간관계가 각각 대립하는 세계에 속한다고 여긴다. 돈은 인간관계를, 인간관계는 돈을 필연적으로 오염시킨다. 따라서 돈과 인간관계는 절대 뒤섞여서는 안 된다. 그러면서 우리는 흔히 돈은 인간관계로, 인간관계는 돈으로 환원될 수 있다고 여긴다. 젤라이저는 돈과 인간관계를 '차별화된 유대'로 대하는 제3의 접근법을 제안한다. 이 접근법은 피터스와 크래머의 접근법과 궤를 같이한다.

젤라이저는 돈이 다른 관계, 맥락, 정체성을 이끌어내는 협상 도구라고 말한다. 돈은 사회적 유대를 만들어내거나 끊어내는 데 사용될 수 있다. 연인의 구애 비용과 부부의 이혼 수당은 친밀한 관계를 유지하고 제한한다. 상담 비용과 유흥비도 마찬가지다. 또는 여성 임금처럼 불평등한 관계를 구축하고 유지한다. 일반적으로 미디어와 돈은 중개자 역할을 하기 때문에 불신을 산다. 그러나 미디어와 돈이 중개자 역할을 하기 때문에 커뮤니케이션이 가능해진다.

거래 공동체와 국가 공동 운명체

결제는 커뮤니케이션, 즉 공유된 의미를 만들어내는 정보를 전송하는 방식의 하나다. 결제라는 커뮤니케이션은 공유된 경제 세계, 즉 거래 공동체 내에서 우리를 하나로 엮는다. 여기서 말하는 거래 공동체는 결제라는 거래 커뮤니케이션이 만들어낸 관계의 집합을 의미한다. 이 거래 공동체라는 용어는 '거래'라는 단어에 흔히 수반되는 부정적 함의와 '공동체'라는 단어에 흔히 수반되는 긍정적 함의를 배제한다. 다시 말해 거래 공동체는 젤라이저가 '차별화된 유대'라고 부른 것들로 구성되며, 그것은 커뮤니케이션을 통해 생성된다.

돈이라는 거래 미디어는 돈이 만들어내는 거래 공동체에 대한 단서를 담고 있다. 미국의 고고학자 프랭크 홀트Frank L. Holt에 따르면, 기원전 180년부터 서기 10년까지 현재의 아프가니스탄과 우즈베키스탄 국경 근처에 세워진 인도-그리스 왕국*은 현재 거래 공동체라는 형태로만 전해진다. 인도-그리스인들이 사용한 동전이 이 왕국이 존재했다는 유일한 증거로 남아 있기 때문이다.

고고학자들은 이 동전들이 발견된 곳을 지도에 표시해 이 왕국의 지리학적 흔적을 추적한다. 동전에 새겨진 왕의 초상화를 통해 이 왕국이 겪은 정치적 변화들을 추정한다. 동전에 그 가치를 표시하는 수 체계로 인도-그리스인의 인종을 추측한다. 주화 제조 기법으로 이 왕국의 사회조직을 이해한다. 고고학자들에게 화폐 연구는 사라진 문명을 발굴하는 방식의 하나다. 고대의 결제 테크놀로지인 동전 덕분에 인도-그리스 왕국을 발굴하고 재구성할 수 있었다.

근대 이후 화폐는 처음부터 그 통용 범위가 국가의 영토와 동일한 거래 공동체를 만들어내도록 설계되었다. 현금은 국민을 국가 공동 운명체로 끌어들이며, 현금을 사용하는 것은 국민이 실천하는 의식이다. 고고학자들이 사라진 인도-그리스 왕국이 남긴 동전으로 그 문명을 탐색하듯이 학자들은 한 국가의 화폐를 통해 그 국가의 정체성을 읽어낸다. 그러나 현

● 헬레니즘 시대의 그리스계 인도 왕국들을 말하며, 아바나 왕국이라고도 한다.

금을 사용하는 모든 사람이 그 국가의 국민일 필요는 없다. 거래 공동체는 국가보다 포괄적이기 때문이다.

사회학자들과 고고학자들은 돈을 거래하는 사람들의 관계를 흔히 네트워크로 개념화한다. 미국의 지리학자 에밀리 길버트Emily Gilbert는 "돈이 그 자체로 완성되고 고정된 사회 현상이 아니라 유동적이고 종종 양면적인 사회 네트워크"라고 말한다. 미국의 사회학자 마크 그래노베터Mark Granovetter는 "경제가 추상적이고 이상화된 시장들로 이루어진 것이 아니며 오히려 실제 사회 환경에 내장된 네트워크로 보아야 한다"라고 설명했다. 그래노베터보다 덜 구조적이면서 더 관계적인 접근법을 택한 젤라이저는 우리가 돈을 통해 만들어나가는 연결고리가 상업 회로回路로 진화되는 과정을 설명한다. 이는 공유된 실세 활동을 가리키며, 이것은 공유된 상징으로 기록되고 공유된 사회관계를 통해 실행된다.

거래 공동체, 즉 거래를 통해 형성된 집합체의 중심에는 커뮤니케이션, 그중에서도 특히 커뮤니케이션 미디어와 테크놀로지가 존재한다. 거래 미디어는 공동체를 만들어내고 그 공동체의 경계를 설정한다. 여러 학자의 주장대로 돈이 언어와 같은 것이라고 본다면, 거래 공동체는 누가 누구에게 이야기할 수 있는지, 누가 대화에 참여할 수 있는지를 상세히 규정한다. 돈이라는 커뮤니케이션은 어떤 유형의 공동체를 만들어낼까? 커뮤니케이션은 공유된 사회적 현실을 만들어내고, 그렇게 공유된 사회적 현실에서 공동체가 탄생한다. 수많은 거래 행위를 통해 형성된 사람들이 함께 어울리는 방식이 바로 커뮤니케이션이 만들어낸 공유된 사회적 현실이기 때문이다.

여성학자 미란다 조지프Miranda Joseph 등 여러 학자가 지적하듯이 단일성을 추구하는 공동체에서는 동질화를 강조하는 경향이 있다. 그런데 거래 공동체는 종종 배제의 메커니즘으로 활용되고 단일성이 시시때때로 탄압의 근거가 되기 때문에 그런 경향성은 경계의 대상일 수밖에 없다. 더 나아가 피터스와 크래머가 설명하듯이 단일한 공동체는 말 그대로 이상향일 뿐이다. 사람들이 경험을 완벽하게 공유하기란 불가능하기 때문이다. 그러나 커뮤니케이션 미디어라는 매개체를 활용하면 단일성을 지닌 세계를 만들어낼 수는 있다. 그리고 그런 커뮤니케이션 미디어의 가장 대표적인 예가 결제 시스템이다. 무엇보다 결제 시스템이 만들어내는 세계는 여전히 차이가 있지만, 단일성을 지닌다는 점에 주목할 필요가 있다.

거래 공동체의 구성원들은 정체성, 지리, 시간, 가치, 정치, 관행에 대한 감각을 공유한다. 커뮤니케이션 미디어인 돈은 거래가 이루어지는 순간에 관여하는 사람들을 연결하는 동시에 경제와 사회 같은 더 큰 상상의 산물과 개인들을 연결한다. 돈은 네트워크 효과의 창조물이다. 돈이 제 역할을 하기 위해서는 모든 사람이 그것을 돈으로 인식해야 한다. 거래 공동체는 확신을 공유하는 공동체다.

우리는 상품을 사고 그 값을 돈으로 낸다. 어떤 제도가 그 돈에 가치를 부여하는지, 어떤 사람이 그 돈을 결제 수단으로 받는지는 어렴풋하게나마 확신하기 때문이다. 돈을 주고받을 때 우리는 그 돈의 금액뿐만 아니라 그 돈에 어떤 의미가 담겨 있는지에 대해서도 합의한 상태다. 돈의 테크놀로지는 돈에 가치를 부여하고 거래를 가능하게 하지만, 돈에 대한 그런 합의를 유지하는 메커니즘이기도 하다. 에밀리 길버트는 국가 통화를 사용하는 행위가 민족국가에 대한 지지를 일상적으로 표현하는 행위라고 설명한다. 그런데 실은 돈을 교환하

는 행위는 언제나 그 거래 공동체에 대한 지지를 일상적으로
표현하는 행위다.

●

매스미디어에서 소셜미디어로

우리 사회가 매스미디어의 시대에서 벗어나 소셜미디어의 시
대로 넘어갔다고 느끼는 사람이 많다. 매스미디어는 한 방향
으로만 전송되는 중앙집중적인 방송과 인쇄 테크놀로지를 사
용해 수동적인 집단에 동일한 경험을 제공한다. 소셜미디어
는 전 세계를 넘나드는 디지털 테크놀로지를 사용해 개인 대
개인으로 전달되는 참여형 경험을 제공한다. 다만 소셜미디
어가 제공하는 경험에는 감시가 동반된다. 현재 우리 사회는
돈이 매스미디어에서 소셜미디어로 탈바꿈하는 과정을 목격
하고 있다.

그런데 매스미디어 대 소셜미디어라는 이분법적인 분류
법은 이 전환을 이해하는 데 오히려 걸림돌이 되기도 한다.
아주 비판적인 학자들은 매스미디어와 소셜미디어라는 용어

를 쓰는 것 자체를 꺼린다. 이것은 현실적으로 복잡한 문제를 일으키기도 한다. 이른바 방송시대의 황금기에도 사람들은 가장 중요한 정보는 여전히 이웃과의 수다나 사내社內 회의 등 면대면 대화의 형태로 공유했고, 뉴스는 대개 아주 편파적인 신문을 통해 전달받았다.

오늘날 소셜미디어는 매스미디어의 한 형태라고 주장할 수도 있다. 미국 슈퍼볼Super Bowl을 시청하는 사람보다 매일 페이스북에 접속하는 사람이 훨씬 더 많다는 사실만 보아도 알 수 있듯이 소셜미디어는 가장 대중적이다. SNS에서 공유되는 링크 중에는 매스미디어 콘텐츠가 많다. 소니아 리빙스턴Sonia Livingston의 말대로 "'그때'와 '지금'으로 나누는 식의 양분화, 특히 '지금이 아닌 예전에는 세상이 어땠을까?'와 같은 식으로 역사를 구분하는 작업은 우리가 사회 변화를 이해하는 데 별로 도움이 되지"않는다.

그러나 결제 시스템은 점점 더 소셜미디어의 형태로 생산되고, 사용되고, 이해되고 있다. 여기서 말하는 소셜미디어는 하나의 산업이자 일련의 테크놀로지에 대해 이야기하는 방식이자 규범과 약속이 적용되는 방식이다. 테크놀로지학자 데이나 보이드danah boyd가 지적했듯이 소셜미디어는 분석이 필요한 현상이다. 소셜미디어는 동일하게 경험되는 진실이 아니라 이론적인 개념이자 연구 대상인 것이다.

그렇다면 현재 어떤 돈이 파괴되고 있는 걸까? 돈이라고 하면 보편적이고 공적인 인쇄 미디어라고 할 수 있는 정부 발행 화폐가 떠오른다. 버지니아 휴잇은 국가 통화를 "수백만 명의 사람이 사용할 수 있도록 아주 신중하게 설계된, 세계에서 최고로 대량 생산된 사물"이라고 표현했다. 지금까지도 지폐는 어디서나 흔히 볼 수 있는 가장 널리 퍼진 인쇄 미디어일 것이다. 미국 달러를 인용하자면 "모든 공적·사적 부채에 적용되는 법적 통화"다. 돈은 공통 경제 언어이면서 동시에 연방 우편 서비스나 고속도로 시스템처럼 근대화의 산물인 공공 인프라이기도 하다.

일대다—對多 논리를 적용하는 매스미디어라는 용어는 방송이라는 용어와 동의어로 쓰이기도 한다. 그런데 돈이라는 미디어는 방송이라는 형태로 존재하지 않는다. 커뮤니케이션학자 조시 브라운Josh Braun이 지적하듯이 방송이라는 전송 모델 외에 대중적인 유통이 매스미디어 시대의 특징이었다. 매스미디어의 연결망은 규모가 크고 상호 운영이 가능하고 전 세계에 퍼져 있다. 그야말로 대중적인 미디어 유통 인프라가 존재한다. 정부 발행 화폐는 그런 대규모 유통 인프라의 지원을 받는, 가장 대표적인 가치 전송 수단이다.

최근 몇 년간 결제 산업은 '파괴적 혁신'의 대상이었다. 결제 산업의 중심이 월스트리트에서 실리콘밸리로, 금융 서비스에서 소셜미디어로 옮겨가고 있다. 그리고 이것은 당연한 수순처럼 보인다. 페이스북의 리브라 홍보 영상이 보여주듯 우리에게는 커뮤니케이션과 같은 속도와 규모로 움직이는 돈이 필요하다. 우리의 일상적인 공동체와 나란히 존재하는 거래 공동체도 필요하다.

왜 페이스북으로 돈을 보낼 수 없을까?

2014년 페이스북은 결제 서비스 라이선스를 신청했으며, 그 이듬해에 자사의 메신저 프로그램에 결제 기능을 도입했다. 페이스북이 리브라 계획을 공개하기 5년 전의 일이다. 영국 런던에서 활동하는 결제 산업 전문가 데이비드 버치David Birch는 이 소식을 들었을 때 정말로 놀랐다고 밝혔다. 다만 "이제야 페이스북이 그런 조치를 취했다"는 것을 강조하면서 "한참 늦었다"는 점에서 안타깝다고 덧붙였다. 그는 자신의 10대 아들이 활동하는 밴드에 얽힌 일화를 들려주었다.

"같은 날 다섯 밴드가 무대에 올랐고 관객들도 삼삼오오 무리를 지어 속속 도착했다. 모두 즐거운 시간을 보낼 준비가 되어 있었다. 이 모든 것은 페이스북을 통해 이루어졌다. 공연 계획과 일정 조율이 착착 진행되었고, 그 덕분에 청년들은 자신들의 힘으로 아주 훌륭하게 행사를 기획할 수 있었다. 모든 것이 순조로웠다. 다만 결제 문제만 빼면. 공연 수익을 정산할 때가 오자 '사이먼의 아버지에게 페이팔로 보내줄래?'와 '수표를 받았는데, 이거 어떻게 해야 해?'와 '앤디가 내게 현금을 주었는데, 이것을 스티브에게 송금해야 하는데……' 하는 말들이 몇 주 동안 이어졌다. 은행 계좌가 있는 사람도 있었지만, 없는 사람도 있었다. 인터넷 뱅킹이 가능한 은행 계좌가 있는 사람도 있었지만, 없는 사람도 있었다. 이런저런 모바일 결제를 하는 사람도 있었지만, 하지 못하는 사람도 있었다. 아들이 나에게 이렇게 말했다. '왜 그냥 페이스북으로 돈을 보낼 수는 없는 걸까요?'"

실리콘밸리는 소셜미디어 삶에 어울리는 거래 공동체를 만들어내는 돈 테크놀로지 개발에 열을 올리고 있다. 그리고 돈 테크놀로지 개발 작업에도 소셜미디어 산업의 논리를 적용한다. 많은 기업이 거래 행위로 축적되는 빅데이터의 잠재력을 활성화하고 그것을 다른 소셜 데이터와 통합하고 싶어 한다. 새로운 결제 시스템은 클릭만 하면 서비스 약관에 동의한 것으로 간주하는 등 실리콘밸리의 관행을 따른다. 또한 실리콘밸리에서 탄생한 벤처 투자 같은 경제 방식을 따른다. 핀테크의 목적은 기존 결제 산업을 파괴하고 매출과 데이터의 흐름이 실리콘밸리의 디지털 저장소를 반드시 거치도록 재설정하는 것이나.

현재 미국에서 가장 인기 있는 모바일 결제 앱인 벤모는 처음부터 소셜미디어의 형태로 출시되었다. 벤모는 페이스북처럼 거래 내역을 공개하는 피드를 제공하며, 이 점에서 페이팔PayPal과 같은 일반적인 개인 간 결제 시스템과 차별화된다. 어떤 개인이 다른 개인에게 벤모로 지불하면 그 거래는 게시물이 된다. 그 게시물은 해당 계정의 스트림stream을 보는 모든 사람에게 공개된다. 벤모 사용자는 모든 거래 내역에 메모를 해야 하며, 대개 이모티콘이 사용된다. 술값이라면 마티니잔 이모티콘을 다는 식이다. 친구의 거래 내역에 '좋아요'를 누르고 댓글도 남길 수 있다. 많은 소셜미디어 플랫폼처럼 개인 정보 보호 설정의 기본값은 공개다.

벤모는 사용자가 소셜미디어 플랫폼과 동일한 방식으로 경험하도록 설계되었다. 공개 프로필, 트위터 같은 거래 내역 피드, 친구 목록, 다른 회원의 친구 목록을 훑어보고 게시물(결제 내역)을 확인할 수 있는 기능 등 SNS의 특징을 모두 갖추고 있다. 벤모는 확실히 소셜미디어처럼 보인다. 일례로 페이스북과 마찬가지로 화면을 파란색과 하얀색으로 꾸몄다. 벤모는 이런 익숙한 기능과 디자인 요소로 사용자가 벤모를 단순히 금융 서비스 플랫폼이 아닌 소셜미디어 플랫폼으로 활용하도록 유도한다.

SNS의 차세대 주자, 벤모

벤모의 짧은 역사는 소셜미디어 기업의 전형적인 생애주기를 따른다. 벤모는 스타트업으로 시작해 벤처 투자와 창업 보육 시스템을 거쳐 결국 빅테크big tech 기업 페이팔에 인수되었다. 소셜미디어 플랫폼이 대개 그렇듯이 아직도 수익은 내지 못하고 있다. 실제로 벤모의 목표는 실리콘밸리의 관행을 답습한 덩치 키우기다. 일단 최대한 많은 이용자를 확보하는 것이 최우선 과제이며, 수익을 어떻게 낼지는 그다음 문제다. 수익 모델은 어떤 식으로든 데이터를 현금화하는 것일 가능성이 높다.

벤모는 소셜미디어 플랫폼처럼 운영된다. 이를테면 서비스 약관이 적용되고 반자동화된 중재 시스템으로 그 약관을 강제한다. 다른 소셜미디어 플랫폼처럼 벤모의 중재 시스템도 불완전하다. 오류로 인해 계정이 정지당한 사례는 수도 없이 많다. 한 사용자는 "벤모는 페이스북 수준의 고객 서비스를 제공하는 은행 같다"라고 말한다.

사람들은 벤모를 소셜미디어처럼 사용한다. 단순히 거래 수단이 아니라 상대방과 다수의 다른 사용자에게 공개되는 메시지 작성 수단으로 사용한다. 벤모 사용자는 거래 내역을 보고, 그것을 사회적 기록으로 읽는다. 벤모는 소셜미디어에 기본적으로 장착된 사용법과 기능을 차용한다. 예를 들어 사용자는 친구를 응원하는 의미로 소액의 돈을 보내는 '페니로 콕 찌르기' 기능을 꽤 자주 사용한다. 이 기능은 페이스북의 '콕 찌르기 기능' 같은 것이다.

이런 요소들이 벤모가 소셜미디어인 증거로 제시된다. 벤모는 "SNS의 차세대 주자"이자 "당신이 처음 들어보는, 소수의 얼리어답터만 아는 비밀 SNS"이자 "관음증과 가십 SNS의 종착지"로 묘사된다. 사이버스토킹, 과도한 사생활 노출, 기만, 고립공포증, 인터넷 트롤링internet trolling,● 과시욕 등 소셜미디어가 불러일으키는 테크노 패닉techno panics에 대해

● 인터넷 공간에서 공격적이고 반사회적인 반응을 유발하는 행위를 말한다. 트롤링 행위자들은 다른 사람의 불쾌감과 고통을 통해 쾌감을 느낀다.

논의할 때면 벤모가 빠짐없이 언급된다. 벤모는 우리를 인색하게 만들고, 인간관계를 망치고, 불안증을 유발한다. 벤모는 사기 행각과 사기꾼으로 들끓으며, 정치인을 괴롭힐 기회를 주고, 상사가 우리를 감시할 여지를 준다. 그래서 매우 위험할 수 있다.

벤모가 유일한 소셜미디어 돈은 아니다. 이 틈새를 노리는 스타트업은 무수히 많으며, 각각 고유한 특성을 지닌다. 페이스북, 인스타그램, 스냅챗Snapchat,• 구글 등 SNS는 대부분 자사 플랫폼 서비스에 결제 기능을 도입하려고 애쓰고 있다. 또한 암호화폐와 지역화폐처럼 돈의 사회성을 재규정하려는 급진적인 시도도 있다. 결제 시스템은 소셜미디어로 탈바꿈하고 있고, 소셜미디어는 결제 분야로 진출하고 있다.

그러나 매스미디어와 소셜미디어의 경계가 명확하지 않듯이 매스미디어 돈과 소셜미디어 돈의 경계도 명확하지 않다. 매스미디어 돈에서 소셜미디어 돈으로 전환하는 과정도

● 사진과 동영상 공유에 특화된 모바일 메신저다. 메시지를 확인한 후 자동 삭제할 수 있는 '자기 파괴' 기능이 있다.

깔끔하거나 완전하지 않다. 현금은 절대적인 보편 통화의 지위를 누린 적이 없다. 외국 통화, 쿠폰, 수표, 신용카드 등 다른 돈이 늘 국가 통화와 나란히 유통되었다. 이렇듯 불협화음을 내는 여러 가지 돈은 국가 통화가 현재와 같은 지위를 누리기 이전부터 존재했다. 미국에서는 남북전쟁이 끝난 후에야 국가 통화가 현재와 같은 지위를 누리게 되었다.

●

현금 없는 사회가 가능할까?

국가 통화가 당장 사라지는 일은 없을 것이다. 비트코인과 항공사 마일리지의 가치는 여전히 달러로 표시된다. 현금도 사라지지 않을 것이다. 이는 미국 연방준비제도이사회가 매년 발간하는 『연방준비제도 결제 백서Federal Reserve Payments Study』에 실린 현금 사용 연구 결과에서도 확인할 수 있다. 현재 디지털화는 진행되고 있지만, '현금 없는 사회'는 '종이 없는 사무실'만큼이나 요원해 보인다. 우리는 앞으로도 어떤 거래는 현금으로 하고, 어떤 거래는 신용카드로 하고, 어떤 거래는 벤모로 할 것이다.

현금 사용 비중이 벤모 사용 비중보다 높은 사람도 있을 것이다. 벤모로 한정해서 보더라도 여러 가지 돈이 오간다. 벤모로 친구에게 지불할 때, 그 돈은 체크카드로 결제되고 그 거래 금액은 예컨대 달러 단위로 표시된다. 마찬가지로 많은 디지털 지갑이 스마트폰 화면에 신용카드 이미지를 띄운다. 빌 모러가 지적하듯이 결제 시스템의 혁신은 뛰어넘기가 아닌 더하기여서 결제 테크놀로지가 켜켜이 쌓이는 형태로 전개된다.

더 나아가 실리콘밸리가 결제의 사회적 측면을 재조명한 것은 맞지만, 결제의 사회적 측면을 창조하지는 않았다. 비비아나 젤라이저가 지적한 대로 "모든 달러 지폐가 동등한 가치를 지니는 것"은 아니다. 실제로 돈은 여느 미디어 테크놀로지와 마찬가지로 소셜 테크놀로지, 즉 사회적 기술이기도 하다. 가장 대중적인 형태를 띨 때조차도 외부에 특정한 의미를 전달하며 그렇게 전달한 의미는 다의적이다. 결제 산업 전문가 데이비드 버치는 현금이 '탈기능화post-functional'하면, 요컨대 우리의 거래 삶에서 덜 중요한 요소가 되면 오히려 더 중요해질 것이라고 주장한다.

그러나 소셜미디어 테크놀로지를 활용한 결제 시스템은 특정 행동을 허용하거나 금지하는 등 다양하게 설계될 수 있다. 빌 모러의 말대로 "테크놀로지가 애초의 계획이나 의도와는 무관한 온갖 사용법을 낳듯이, 테크놀로지가 도용되거나 수정되거나 다른 테크놀로지와 결합해 다른 기능을 하는 새로운 파생종을 낳듯이, 돈도 그럴 것"이다. 결제 시스템의 미디어 테크놀로지는 지금 이 순간 신중하게 재설계되고 있다. 대부분은 소셜미디어의 형태로 실리콘밸리에 의해서 말이다. 돈은 늘 소셜미디어, 즉 사회적 미디어로 기능했다. 지금 이 순간에도 우리는 돈을 소셜미디어로 받아들이는 과정에 있다.

실리콘밸리가 돈을 재설계하면서 통제에 관한 문제가 제기되고 있다. 새로운 커뮤니케이션 테크놀로지는 흔히 새로운 자유를 낳는다고들 여기지만, 현실에서는 새로운 제약도 낳는다. 현금은 국가의 커뮤니케이션 테크놀로지이지만 접근은 쉬운 반면 통제와 감시는 어렵다. 그러나 새로운 돈은 그렇지 않다. 소셜미디어 모델을 토대로 삼았기 때문이다. 누가 이 새로운 돈을 통제할 것인가? 누가 이 새로운 돈을 감독할 것인가?

매스미디어 돈이 소셜미디어 돈으로 전환하면서 우리가 떠안게 될 위험을 이해하려면 새로운 결제 시스템이 새로운 거래 공동체를 창조하고 그 공동체 내에서 거래 정체성·거래 관계·거래 권력을 창조하는 방식을 이해해야 한다. 매스미디어 돈에서 소셜미디어 돈으로 전환하는 것은 곧 매스미디어 거래 공동체에서 소셜미디어 거래 공동체로 전환하는 것을 의미한다.

소셜미디어 돈은 새로운 사회적 차이를 낳는다. 그 차이는 국가(달러, 파운드, 유로 등)와 사회적 지위(현금, 프리미엄 신용카드 등)를 초월하고, 소셜미디어 데이터로 측정 가능한 우리에 관한 모든 것을 포함한다. 우리는 결제 시스템이 분열되거나 탈바꿈하거나 교체되거나 규제되는 사례를 관찰함으로써 이 시스템이 어떤 식으로 은밀하게 작동하는지를 추적할 수 있다.

돈의
역사

돈은 전 세계를 빛의 속도로 돌아다닐 것이다

비자카드를 설립한 디 호크Dee Hock는 1970년대 말에 신용
카드의 미래를 예견하면서 다소 엉뚱해 보이는 주장을 펼쳤
다. 그는 돈을 사회적으로 가치가 보증된 정보로 정의하며, 돈
이 디지털화되면 엄청난 잠재력을 발휘하게 될 것이라고 믿
었다. "돈은 앞으로 글자와 숫자를 에너지 자극 배열 형태로
기록한 자료에 불과할 것이다. 전자기장 스펙트럼 전체에 퍼
진 무궁무진한 경로를 따라 전 세계를 빛의 속도로 돌아다닐

것이고, 비용도 거의 발생하지 않을 것이다."

디 호크의 말은 오늘날 비트코인 추종자들이 하는 이야기와 매우 유사하다. 돈이 커뮤니케이션 미디어라는 사실이 밝혀질 때마다, 돈의 실체가 드러날 때마다 돈을 새로운 시선으로 바라보게 된다. 돈은 우리가 생각했던 것보다 훨씬 단순하고, 복잡하고, 강력한 힘을 지니고 있다.

먼저 커뮤니케이션으로서 돈의 역사를 간략하게 살펴보자. 다른 커뮤니케이션도 그렇지만 거래는 미디어와 인프라를 통해 일어나고, 그것은 언제나 의미를 담고 있으며 권력관계에 좌우된다. 이것은 돈이 커뮤니케이션 미디어라는 관점에서 역사를 조망할 수 있게 한다.

돈의 테크놀로지는 이미 오래전부터 인쇄, 전신電信, 컴퓨터, 정보네트워크, 스마트폰 등 통신 기술로 분류되는 것들과 나란히 존재했다. 돈과 관련된 테크놀로지의 역사에서 반복되는 주제에는 정치뿐만 아니라 커뮤니케이션도 있다. 돈의 역사에는 공간 대 시간, 일시성 대 영속성, 개인의 정체성 대 집단에 대한 충성, 사익 대 공익 등 끝없는 갈등의 흔적이 새겨져 있다.

지폐는 우리가 가장 흔히 접하면서도 가장 간과하기 쉬운 인쇄 미디어다. 현금이 딱히 주목받지 못하는 이유는 어디에서나 볼 수 있기 때문일 것이다. 그런데 정부가 발행하는 지폐는 실제로는 비교적 신기술의 산물이다. 19세기 이전에는 돈이 산발적이고 계층적인 형태로 존재했다. 지폐는 표준화 과정을 거친 뒤에야 매스미디어가 되었다. 국가 통화도 19세기 들어 인쇄술이 눈부시게 발달하면서 등장했다. 신문 등 인쇄 문화의 다른 산물처럼 지폐는 미국의 사회학자 베네딕트 앤더슨Benedict Anderson이 '상상의 공동체'라고 부른 민족국가의 도구이자 민족국가 탄생의 주역이었다. 국가 통화는 국가를 공통 경제 미디어가 통용되는 경제 영토로 표시한다.

지폐는 공유된 과거, 현재, 미래의 이야기를 전하는 메시지를 담고 있다는 점에서 미디어로 볼 수 있다. 교환 미디어이기도 하지만 무언가를 '대변하는 미디어'이기도 하다. 민족국가 탄생 초기 보편 교육이 도입되기 전까지는 지폐가 그 국가의 공식적인 역사를 국민에게 유포하는 핵심 수단으로 사용되었다. 현대에 들어서도 미국 달러는 미국 국민이 매일 연방정부와 마주치는 유일한 접점일 것이다.

●

우체국장은 연방정부의 대변인이었다

미국에서는 남북전쟁이 끝나고 나서야 국가 통화가 완전히
자리를 잡았다. 그전까지는 미국 재무부에서 발행한 회폐뿐
만 아니라 외국 통화, 민간 은행권, 철도회사·보험회사·기타
민간 기업이 발행한 가증권假證券이 돈으로 유통되었다. 미국
의 역사가 데이비드 헨킨은 "여러 종류의 돈이 유통되는 도시
에서는 일상적인 소비 생활에서도 머리가 핑핑 돌 정도로 복
잡한 돈 미디어 환경을 제대로 파악할 수 있어야 했다"라고
말했다. 예를 들어 은행권만 해도 파산하거나 존재하지 않는
은행에서 발행된 것일 수도 있었고, 정상적으로 영업 중인 은
행의 은행권을 위조한 것일 수도 있었다.

　이렇듯 불완전한 돈은 서서히 상대적으로 체계가 잡힌 국
가 통화에 자리를 내주었고, 그로 인해 다양한 출신 배경을
지닌 미국인들이 근대 도시에 경제적으로 더 잘 동화될 수 있
었다. 독일의 사회학자 게오르크 지멜Georg Simmel은 국가 통
화가 어떻게 전통적인 지역 중심 가부장제와 봉건제에 내재

된 복잡한 장기 경제 관계의 굴레에서 사람들을 해방시켰는지, 그 사람들이 서로 낯선 사람인 채로 거래하고 살아갈 수 있게 도왔는지 설명한다.

국가 통화가 등장하기 전 거의 모든 나라의 돈은 다분히 계층적이었다. 가난한 사람들은 구리나 동으로 만든 주화 같은 조잡한 싸구려 동전을 사용했고, 부자들은 교환용 청구서를 쓰고 결제 내역을 장부帳簿에 기록했다. 캐나다의 정치학자 에릭 헬라이너Eric Helleiner는 "그 결과 국가의 화폐 체계가 단일화하지 못하고 분화되어 있었다. 부자와 빈자 간 경제적 커뮤니케이션은 금지되었는데, 두 계급이 사용하는 돈의 환율이 유동적이었고 불투명했기 때문이다"라고 말했다.

국가가 발행하는 화폐는 이 두 계급을 공통 경제 언어를 쓰는 경제적 정치 조직으로 통합했다. 이 정치 조직의 구성원들은 서로 거래를 했다. 매번 직접 대화를 나누지는 않았지만, 적어도 서로를 상대로 거래를 했다.

국가 단위의 경제에서는 지폐가 그 국가의 영토 전체를 돌아다녀야 했다. 커뮤니케이션, 즉 통신은 한때 운송과 동의어로 사용되었다. 우편 통신은 편지가 도로망, 철도망, 운하망을 통해 운송되는 것을 의미했다. 신문과 편지를 먼 곳까지 운송한 미국 우편 시스템은 미국 전역을 하나의 국가로 묶었고, 주정부들의 느슨한 연합에 통일된 국가상을 주입했다.

우편 시스템은 돈을 실어 나르는 인프라 역할도 했다. 20세기 이전에는 아주 부유한 계층만이 예금계좌를 사용했고, 대부분 사람늘은 먼 곳으로 돈을 보내야 할 때면 돈을 봉투에 넣고 실과 바늘로 봉투를 꿰맨 후 풀로 봉인했다. 그러고 나서 우편으로 보냈다. 국가 통화처럼 미국 우편 시스템은 "민족국가에 대한 지지를 일상적으로 표현하는 행위"였다. 우체국장은 미국 전역에 퍼져 있는 연방정부의 대변인이었다.

몇몇 거대 결제 서비스업체, 이를테면 아메리칸 익스프레스American Express와 웰스 파고Wells Fargo는 금융 서비스 산업이 아닌 통신 산업에서 출발했다. 역마차, 배달원, 연락선, 증기기관차 등을 보유하고 있던 이들은 동부에서 서부를 오가는 금가루, 금, 정화正貨,* 편지, 소포, 기타 화물의 운송 용

● 명목 가치와 소재 가치가 같은 본위 화폐로 금 본위국에서는 금화, 은 본위국에서는 은화 따위를 말한다.

역 수주를 놓고 미국 우편국과 경쟁했다. 이런 탄생 배경은 웰스 파고의 기업 로고에 그려진 힘차게 달려나가는 역마차에서도 엿볼 수 있다.

●

돈을 보내는 가장 빠른 통로

미국의 민간 운송업체와 우편국 간 경쟁은 커뮤니케이션 인프라 운영을 둘러싸고 벌어진 주된 갈등 관계를 보여준다. 당시에는 커뮤니케이션 인프라가 모든 사람에게 기본적인 서비스를 제공하는 보편 운송과 모든 사람에게는 아니더라도 공정하고 동등한 서비스를 제공하는 일반 운송 중 하나를 선택해야만 했다. 미국 우편국은 미국 전역에 보편 운송을 실시하기에는 자원과 인프라가 부족했다. 미국의 우편 시스템은 빠른 배송보다는 시간이 걸리더라도 안정적인 인프라를 마련하는 것을 최우선 과제로 삼았다.

이와 대조적으로 민간업체는 미국 전역으로 갔고, 누가 요청하건 거의 모든 서비스를 제공했고, 역사상 보편 운송 회사에 가장 가까운 형태로 운영되었다. 실제로 골드러시gold rush 가 절정에 달해 큰돈이 되는 금 운송 수요가 넘치는 서부에서는 새로운 야영지나 채굴 현장이 들어서는 순간 민간 급행 배송 서비스가 가장 먼저 제공되었다. 그러나 이런 편의에는 그만한 대가가 따랐다. 민간 급행 배송 서비스는 독과점 시상인 탓에 가격 담합과 화물 차별 등이 횡행했고, 문제가 생겼을 때 보상을 받기도 힘들었다.

20세기로 넘어갈 무렵 미국 우편국은 더 많은 사람의 필요를 충족시킬 수 있는 아주 정교한 운송망을 확보했다. 1898년에 무료 지방 보편 우편 배달 서비스를 도입했고, 1913년에는 개선된 소포 배달 서비스를 제공하기 시작했다. 1917년 미국은 전시 정책 중 하나로 철도와 민간 급행 우편 서비스를 국영화했다. 이와 함께 우편물뿐만 아니라 돈도 운송하는 공공 우편 서비스와 민간 우편 서비스 간 경쟁 시대가 막을 내렸다.

통신 기술사에서는 전신의 등장으로 커뮤니케이션이 정보화되었다고 설명한다. 이것은 사물의 운송과 정보의 전송이 분리되었다는 것을 의미한다. 전신이 등장한 후 커뮤니케이션, 즉 통신이라는 용어는 사물의 운송이 아닌 정보의 전송을 의미하게 되었다. 전신은 앞서 우편이 그랬듯이 지리적 환경을 바꾸어놓을 것으로 기대되었다. 전신을 발명한 새뮤얼 모스Samuel Morse는 전신이 국가 전체를 하나의 이웃으로 만들어주기를 바랐다.

한때 미국에서 전신 서비스 시장을 독점했던 웨스턴유니언Western Union은 오늘날 자사를 돈을 보내는 가장 빠른 통로로 홍보하면서 결제 서비스업의 개척자라는 이미지를 심으려고 애쓰고 있다. 그러나 전신이 대규모 결제 시스템으로 활용된 것은 20세기에 들어선 뒤의 일이다. 1980년대에 구조조정을 거치기 전까지 웨스턴유니언의 전체 매출에서 송금 서비스는 아주 작은 부분을 차지했다.

돈의 가치는 정보의 형태로 먼 거리로 전송되었고, 직접적이고 물리적인 사물의 이동과 분리되었다. 돈의 가치가 전신으로 이동하게 된 것으로 묘사되지만, 실은 전신이 아니라 우편환郵便換, 여행자 수표, 은행 수표 등 돈의 교환을 기록한 서류와 그 서류의 내용을 이행하는 정산·결제 네트워크 같은 아날로그 네트워크 덕분에 이동할 수 있었다. 그리고 그런 네트워크는 기존의 공공·민간 우편 인프라를 토대로 구축되었다.

미국의 우편 시스템은 영국의 우편 시스템을 모델로 삼아 오랫동안 우편환 서비스를 시범 운영했다. 그러다가 남북전쟁이 발발하고 전시에 우편으로 돈을 보내는 것이 위험해지자 연합군 병사들과 그 가족들이 돈을 주고받을 수 있도록 우편환을 고정적으로 발행하기 시작했다. 1893년에는 이런 기록도 발견된다. "믿을 만한 은행이 없는 곳에 기약 없이 체류 중인 사람들이 안전성을 확보하려고 예금 대신 자신 앞으로 우편환을 발행한 사례가 적지 않았다." 국가 통화가 완벽하게 자리 잡기 전 일부 미국인에게는 우편환이 국가 통화를 대신한 것이다.

•

파란색 지폐, 여행자 수표

제1차 세계대전 발발 직후 우편 서비스가 국영화될 무렵 민간 운송 회사는 이미 새로운 수익 사업을 찾았다. 처음에는 우편환이라는 형태로, 이후에는 여행자 수표라는 형태로 아무엇도 운송하지 않으면서도 돈의 가치를 옮기는 서비스를 개발한 것이다. 실제로 그즈음 여러 민간 급행 배송 서비스업체가 가장 큰 민간 배송업체인 아메리칸 익스프레스에 통합되었다. 그리고 아메리칸 익스프레스는 이미 오래전에 우편 산업에서 손을 떼고 현대적인 금융 서비스 기업으로 탈바꿈하고 있었다.

아메리칸 익스프레스는 1882년에 우편환을 발행하기 시작했다. 우체국에서 발행하는 우편환과 달리 아메리칸 익스프레스의 우편환은 복잡한 서류 작성을 요구하지 않았으므로 문맹이어도 이용할 수 있었다. 이 우편환은 미국 내에서 송금할 때도 사용되었지만, 이민자들의 해외 송금에도 사용되었다. 미국의 이민자 인구가 늘어나면서 우편환의 수요도 늘었다. 초기에는 해외로 보낸 우편환이 전부 현금화된 것은 아니었다. 당시에 아메리칸 익스프레스는 아직 자사의 우편환을 정산해줄 국제적인 은행 네트워크를 완벽하게 구축하지 못한 상태였기 때문이다.

그러나 미국에 아일랜드와 이탈리아 출신 이민자가 증가하자, 이 두 국가에 대규모 은행 협력 네트워크를 확보했다.

1880년대 말 아메리칸 익스프레스는 아일랜드와 이탈리아에서 매달 수백만 달러에 달하는 해외 송금 우편환 거래를 하고 있었다. 달러는 미국 영토를 표시했지만, 우편환은 혈족과 가족 공동체의 거래 영토를 표시했다.

얼마 지나지 않아 아메리칸 익스프레스는 엘리트층을 겨냥한 결제 상품인 여행자 수표도 출시했다. 아메리칸 익스프레스의 여행자 수표는 제3대 회장 제임스 콩델 파고James Congdell Fargo가 유럽 순회 여행을 할 때 탄생한 아이디어라고 한다. 당시에는 해외 여행객이 본국 은행에서 발행한 신용장을 지니고 다녔다. 신용장은 소지자가 발행 은행과 거래관계에 있는 해외 은행에서 인출할 수 있는 금액을 보증하는 서류로 르네상스 시대 이후로 거의 변한 것이 없었다. 유럽 여행에서 돌아온 파고는 신용장을 사용하는 일이 매우 성가셨다고 불평했다. 은행에서 매번 번거로운 확인 절차를 거쳐야 했고, 대도시를 벗어나자 "쓸모가 없었고, 물에 젖은 포장지만도 못했다"는 것이다.

아메리칸 익스프레스의 여행자 수표는 여행자가 상인에게 결제 수단으로 건넬 수 있는 소액권이었다. 상인은 아메리칸 익스프레스가 그동안 해외 송금 서비스를 제공하면서 거래관계를 맺은 여러 은행에서 이 소액권을 현금으로 바꿀 수 있었다. 당시 사람들은 아메리칸 익스프레스의 여행자 수표를 '파란색 지폐'라고 불렀다. 정부가 발행한 지폐와 달리 아메리칸 익스프레스가 발행한 민간 지폐는 계층적이고 차별적이었다.

아메리칸 익스프레스는 우편환과 여행자 수표라는 결제 상품에 수수료를 부과했지만, 수수료가 주요 수입원은 아니었다. 우편환을 출시한 직후에 이민자들이 구매한 많은 우편환이 초기에는 현금화되지 못했기 때문에 아메리칸 익스프레스는 자사가 엄청난 잉여 현금을 보유하고 있다는 사실을 깨달았다. 오늘날 유동자금流動資金으로 불리는 잉여 현금은 그 흐름을 추적하고 예측할 수 있는 한 투자 자금으로 활용할 수 있다. 수수료와 유동자금의 조합은 지금도 결제 서비스 사업 모델의 근간을 이룬다.

수표가 발행된 은행으로 돌아오기까지

우편으로 돈을 보내지 않아도 먼 곳으로 돈의 가치를 전송할 수 있다는 점에서 우편환과 여행자 수표가 유용하기는 했지만, 전국적인 정산·결제 인프라가 되기에는 한참 부족했다. 1913년에 설립된 미국 연방준비제도이사회와 자동어음교환소ACH는 정보화된 돈을 미국 전역에 전신으로 보내는 중요한 커뮤니케이션 인프라가 되었다.

19세기에는 상류층을 중심으로 은행 수표도 종종 이용되었다. 그러나 은행끼리 수표를 현금화하는 과정이 지나치게 복잡했다. 한 은행에서 발행한 수표를 받은 다른 은행이 현금을 내주고 나면, 그 수표가 발행 은행으로 돌아오기까지 실타래같이 얽히고설킨 은행과 자동어음교환소를 거쳐야 했다. 20세기 초 은행가 제임스 그레이엄 캐넌James Graham Cannon이 언급한 한 수표는 청산되기까지 유난히 복잡한 과정을 거쳐야만 했다.

이렇듯 여러 은행을 돌아다니면서 수표를 옮기는 데 드는 비용이 만만치 않다 보니 많은 은행이 수표를 받으면 액면가대로 현금을 내주지 않았다. 탄탄한 거래관계를 유지하는 은행끼리는 액면가대로 정산해주기도 했다. 몇몇 주에서는 액면가보다 적은 금액을 내주는 것을 금지하기도 했다. 그러나 시골 사람들은 액면가보다 할인된 가격에 수표를 정산하는 일이 비일비재했다. 심지어 꽤 높은 수수료를 부담해야 할 때도 있었다. 우편환·여행자 수표와 마찬가지로 이 결제 시스템도 사회적·지리적으로도 분화되어 있었다.

1915년 미국 연방준비제도이사회는 자동어음교환소를 설치하고 중앙집권적인 허브앤드스포크hub-and-spoke• 방식을 도입했다. 수표는 은행의 거래관계에 따라 순환하는 대신 미국 연방준비제도이사회의 자동어음교환소에서 결제·청산되었다. 액면가 할인을 하는 원인, 즉 확인 비용·결제 비용·수표와 화폐를 미국 전역에 보내는 비용이 제거된 것이다. 이 시스템이 도입되자 돈은 어느새 물리적 형태와는 분리된, 사

•   자전거 바퀴살spoke이 중심축hub으로 모이는 것처럼 물류가 거점으로 집중된 후 다시 개별 지점으로 이동하는 것을 말한다.

회적으로 보장된 수적 가치로 환원되었다. 수표는 언제 어디서나 즉시 결제되었다.

이 시스템이 없었다면 산간벽지까지 돈을 운반하고 수표를 결제하는 서비스를 제공하기 힘들었을 것이다. 아메리칸 익스프레스가 이런 서비스를 수행하는 민간 시스템을 제공했다면, 미국 연방준비제도이사회는 이런 서비스를 수행하는 공공 시스템을 제공했다. 미국 연방준비제도이사회의 자동어음교환소 설립은 미국 전역에 돈을 운반하는 공공 유통망 구축이라는 장기 계획의 일부였다. 자동어음교환소 시스템은 20세기에 도입된 자동교환결제ACH 시스템의 전신前身이다. 자동교환결제는 지금도 거의 모든 수표 결제, 직불 결제, 계좌이체의 기본 인프라 역할을 한다.

●

현금은 세상의 속도를 쫓아갈 수 없다

1963년 최초의 외상카드 회사 다이너스클럽Diners Club의 부사장 매티 시몬스Matty Simmons가 신문에 '현금 추도문'을 기고했다. 시몬스는 현금이 현대적이 될 수 없으므로 곧 모든 곳에서 죽음을 맞이하게 될 것이라고 주장했다. 시몬스는 '현금이 세상의 속도를 쫓아갈 수 없다'는 치명적인 결함을 갖고 있다고 보았다. 다이너스클럽의 결제 시스템은 20세기 중반에 통합되기 시작한 고속 이동 네트워크, 물리적 이동 네트워크, 정보 이동 네트워크에서 상호 운용될 수 있도록 설계되었다는 사실을 언급하면서 이 시스템이 현금을 대체할 것이라고 우회적으로 밝혔다. 시몬스의 말대로 고속도로, 개인 자동차 대출, 렌터카, 모텔, 항공 여행, 텔레타이프teletype● 통신 예약 시스템, 회사 출장 여행 등 온갖 네트워크가 20세기 중반에 탄생했다.

그 덕분에 처음으로 사람들은 돈보다 더 빨리, 더 멀리 이동하게 되었다. 미국 은행 산업은 비교적 분산되어 있었고, 은행은 대부분 특정 지역에 한정된 소규모 영업장이었다. 자동 어음교환소 시스템은 사람들의 이동 속도를 따라갈 수가 없

● 통신문을 자동적으로 문자나 기호로 바꾸어 수신기에 인쇄하는 기록 장치다.

었다. 지역 밖에서 들어온 수표는 정산하려면 여러 날이 걸렸으므로 많은 상인이 수표를 결제 수단으로 받기를 거부했다. 여행자는 거주지가 아닌 곳에서는 현금을 인출하기가 어려웠다. 어떤 현대문학 작가는 이렇게 말했다. "신용이 가장 필요한 사람인 여행자는 오히려 신용이 없었다. 주머니 한가득 현금을 싸들고 돌아다니지 않는 한 낯선 동네에서 기꺼이 보증을 해줄 사람을 만날 리 없었다."

다이너스클럽 카드는 신용카드가 아닌 외상카드였다. 카드 소지자가 상인에게 카드를 건네면 상인은 청구서를 다이너스클럽에 보냈다. 다이너스클럽은 모든 거래를 항목별로 정리한 명세서를 카드 소지자에게 보냈다. 다이너스클럽은 대체로 기업 고객 모집에 집중했다. 일반적으로 기업 고객은 개인 고객에 비해 채무를 불이행할 가능성이 훨씬 낮았기 때문이다. 기업으로서도 외상카드를 사용하면 출장비를 관리하는 데 도움이 되는 꽤 매력적인 서비스를 제공받을 수 있었다. 사치성 소비와 현금 없는 사회의 결합은 미래 그 자체라고 할 만한 이상적인 현대사회의 모습을 구현했다. 외상카드는 아주 신선한 서비스였다. 누군가 카드로 물건값을 치르는

것을 보려고 구경꾼들이 몰려들기도 했다. 이제 여행자 수표
는 한물간 종이뭉치처럼 보이기 시작했다.

1960년대 내내 아메리칸 익스프레스와 은행들은 카드 시
장에서 다이너스클럽과 경쟁하려고 애썼다. 그러나 1960년
대 말이 되어서야 시장에서 살아남는 카드를 내놓을 수 있었고,
그러자 다이너스클럽의 시장 지배력은 급격히 약화되었다.
아메리칸 익스프레스는 부유층을 공략했다. 거의 100년 동
안 여행자 수표를 발행하는 등 비은행 금융 서비스업체로서
쌓은 신뢰와 명성을 바탕으로 범용 외상카드를 출시했다. 은
행은 부유층이 아닌 사람들을 위한 상품인 리볼빙revolving 신
용카드를 출시했다. 이전에도 은행과 백화점을 통해 소비자
금융이 제공되고 있었다. 그러나 당시 샌프란시스코의 지역
은행에 불과했던 뱅크오브아메리카가 출시한 뱅크아메리카
드BankAmericard는 소비자 금융을 범용 지불카드와 연계한
최초의 상품이었다.

1970년대가 되면 미국 전역의 은행들이 신용카드를 직
접 발행하는 데 관심을 보이기 시작했다. 신용카드 시스템이
미국 전역에서 작동하려면 넓은 지역에 퍼져 있는 카드 소지

자와 상인의 대규모 네트워크가 필요했다. 은행의 영업 지역을 제한하는 연방 규제는 1990년대가 되어서야 폐지되었으므로 은행은 아직도 주 경계선 너머로 영업을 확장할 수 없었다. 은행은 자사의 카드 소지자와 상인이 다른 은행 계좌를 사용하는 카드 소지자와 상인과 거래할 수 있는 방법을 찾아야 했다.

뱅크오브아메리카는 캘리포니아주 밖에 거주하는 고객에게는 카드를 발행할 수 없었지만, 뱅크아메리카드 프로그램의 라이선스를 미국 전역에 보급할 수는 있었다. 훗날 독립 은행 회원 조직인 비자Visa로 발전한 이 프로그램은 메시지를 표준화하는 컴퓨터 네트워크를 도입해 자동어음교환소를 통하지 않아도 되는 개방 루프open loop 결제 시스템을 만들어냈다. 경제학자들은 비자를 코피티션coopetition의 대표적인 사례로 든다. 코피티션은 기업들이 경쟁하기 전에 협력을 통해 경쟁에 필요한 인프라를 공동으로 만들고 관리하는 합의를 의미한다.

비자카드의 디 호크는 비자를 매우 혁신적인 네트워크 정보 시스템으로 보았다. 호크는 비자카드가 소비자 금융이 아닌 전자 가치 교환 사업, 즉 우리가 돈이라고 부르는 정보를 운반하는 표준화된 메시지를 보내는 일을 한다고 생각했다. 호크처럼 돈을 정보로 이해하면 결제는 전송, 즉 한 장소, 한 사람, 한 계좌에서 다른 장소, 다른 사람, 다른 계좌로 정보가 이동하는 것으로 이해할 수 있다.

호크는 거래는 전송, 즉 커뮤니케이션을 의미한다고 보았다. 아마도 그렇기 때문에 샌프란시스코에 본부를 둔 비자카드가 은행업계보다는 테크 기업·데이터 처리업체와 더 탄탄한 협력관계를 유지했는지도 모른다. 비자카드는 처음에는 하드웨어와 소프트웨어 생산 분야의 선두 주자인 디지털이퀴프먼트DEC와 협력했고, 나중에는 IBM과 손을 잡았다.

호크는 비자와 같은 시스템으로 전송 가능한 것은 무엇이든 돈이 될 수 있다고 보았다. 그래서 은행과 정부가 곧 금전적 가치의 이체 업무, 더 나아가 화폐 발행 업무의 독점권을 잃게 될 것이라고 믿었다. 물론 비자는 호크가 믿었던 것만큼 혁명적인 시스템이 아닌 것으로 판명이 났다. 그러나 커뮤니케이션을 가능하게 하는 안정적이고 국제적인 개방 루프 시스템을 만들어냈다. 개방 루프 시스템은 흔히 기술혁명이라는 수식이 붙는 다른 많은 것보다 훨씬 더 큰 변화를 가져왔다.

●

디지털 결제 서비스의 등장

인터넷이 성장하면서 새로운 가상의 시장이 탄생했다. 이 시
장에서는 단순히 국제 거래가 아닌, 지역을 초월한 개인 간
거래가 이루어졌다. 많은 인터넷 초기 이용자가 자신들이 하
워드 라인골드Howard Rheingold가 '가상 공동체'라고 명명한
것을 건설하고 있으며, 그곳에서 사람들은 '전자 개척지'에
터전을 일구면서 지낼 것이라고 생각했다. 그러나 100년 전
미국 서부 개척지에 웰스 파고가 어김없이 나타나 시장을 개
척한 것과 달리 전자 개척지에는 간편한 전자 이체 시스템이
없었다.

영세 자영업자가 멀리 있는 고객의 카드를 결제 수단으로
받기가 어려웠고, 개인 간 거래는 말할 것도 없이 불편했다.
우편환·여행자 수표와 달리 카드는 사람이 아닌 상인을 대상
으로 하는 결제 수단으로 설계되었다. 개인이나 영세 자영업

자가 인터넷으로 거래를 하기 위해서는 고객에게 서명한 수표를 우편으로 보내달라고 해야 했고, 며칠 후에 수표를 은행에서 현금으로 바꾼 다음에 상품을 고객에게 보낼 수 있었다. 개인 간 거래에서 돈은 통신 속도를 쫓아가지 못했다.

1990년대 내내 개인 간 디지털 결제 서비스를 제공하려는 시도는 많았다. 1990년대 말 여러 스타트업이 합병하면서 페이팔이 탄생했다. 페이팔은 실리콘밸리의 테크놀로지 산업과 그 산업에 만연한 반기업주의, 사회적 자율성, 문화 보헤미아니즘Bohemianism 같은 가치를 시장주의와 묶은 '캘리포니아 이데올로기'의 산물이다. 많은 테크 기업 창업가가 컴퓨터 네트워크를 통해 대안 공동체와 사회적 삶이 만들어지고 더 나아가 개인이 해방될 것이라고 믿었다. 페이팔의 프로젝트는 단순히 정보의 자유로운 흐름만이 아니라 개방된 세계 화폐 시장을 추구했다. 애초에 페이팔의 목표는 개인 간 거래가 가능한 글로벌 공동체가 아니라 민족국가의 간섭에서 완전히 해방된 글로벌 시장이었다.

역설적이게도 페이팔의 사업 모델이 성공한 것은 오로지 1970년대에 도입되어 여전히 연방준비제도이사회가 관리하는 자동교환결제 시스템 덕분이었다. 이 시스템은 은행 고객이 수표를 액면가 그대로 전부 결제받을 수 있도록 보장하는 공공 인프라다. 고객에게 수수료를 부과하지 않고 유동자금도 확보하지 않아 직접적인 매출도 없다. 페이팔은 기존 카드 네트워크를 이용할 때 수반되는 각종 비용을 내지 않기 위해 고객들에게 은행 계좌를 등록하도록 권장했고, 그 덕분에 자동교환결제 시스템의 거래 규정에 따라 고객의 계좌에서 직접 돈을 인출했다. 결론적으로 페이팔은 이미 존재하는 공공재를 활용한 것뿐이다. 사람들은 돈을 보내고 받을 때 그 인프라를 사용할 수 있었고, 커뮤니케이션과 같은 속도로 거래를 진행할 수 있었다.

2007년과 2008년에는 돈이 만들어내는 거래 공동체가 재조명되기 시작한다. 글로벌 금융 위기로 정부와 금융기관에 대한 신뢰가 흔들렸고, 대규모 모바일 화폐 시스템인 엠페사M-PESA*가 시장에 성공적으로 안착했다. 아이폰 출시 이후 훨씬 더 값싼 안드로이드폰이 쏟아져나오면서 세계 인구의 대부분이 네트워크에 연결된 컴퓨터를 들고 다니게 되었다. 2007년 이후의 시기를 결제의 '캄브리아기 대폭발'이라고 할 수 있다. 약 5억 4,100만 년 전, 지구상에 갑자기 온갖 복잡한 생명체가 한꺼번에 출현한 시기에 빗댄 표현이다. 비트코인이 등장했고 '차세대 비트코인'이라고 주장하는 것이 쏟아져나왔다. 우리는 공유경제의 등장과 퇴장, 더 정직한 이름으로 개명한 긱이코노미gig economy의 등장을 목격했다. 중국은 국민 전체가 서로 감시하며 얼마나 신뢰할 만한지를 보고하도록 강제하는 '사회 신용 시스템'의 도입을 검토 중이라고 발표했다. 2018년 가상 반려 고양이를 키우고 거래해 차익을 얻는다는 줄거리의 블록체인 기반 게임 크립토키티 Crypto-Kitties가 대형 벤처 투자 기업들에서 투자금 1,500만 달러를 모았다.

그러나 이런 돈 중에 우리의 일상에 파고든 것은 거의 없다. 현금과 신용카드는 여전히 사용되고 있다. 사람들은 언제나 현금 없는 사회가 코앞에 다가와 있다고 말한다. 우리가

● 　모바일을 뜻하는 M과 스와힐리어로 돈을 뜻하는 PESA의 합성어로, 케냐의 통신사 사파리콤과 남아프리카공화국의 통신사 보다콤의 휴대전화를 이용한 비대면 결제, 송금, 소액 금융 등을 제공하는 서비스다.

캄브리아기 대폭발이라는 혼돈과 불확실성을 겪고 있는 이유
는 사용 가능한 돈이 바뀌어서라기보다는 혼돈과 불확실성으
로 가득 찬 세상을 살아가고 있어서다. 현재의 혼란스러운 화
폐 환경은 남북전쟁 전 미국 도시의 혼란스러운 화폐 환경을
어떤 식으로 답습하고 있을까? 어떤 면에서 그 시절보다 혼란
스럽다고 볼 수 있을까?

우리가 일상에서 사용하는 돈의 형태와 기능이 변하고 있
는 것은 사실이다. 다만 그 변화가 요란하기보다는 소소하고
눈에 잘 띄지 않는다. 결제 시스템과 인프라의 역사에서는 이
런 변화가 특별한 것이 아니다. 인프라는 켜켜이 쌓이면서 조
금씩 변형된다. 돈의 순환을 매개하는 인프라는 불이익을 불
균등하게 배분한다. 인프라는 공공재지만 돈의 통제와 공공
재의 사유화를 둘러싼 투쟁에 휘말리기도 한다.

새로운
돈의
탄생

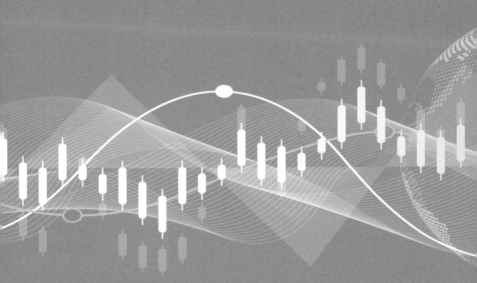

인터넷을 뜨겁게 달군 프리미엄 카드의 탄생

2016년 8월 23일, JP 모건 체이스JP Morgan Chase는 체이스 사파이어 리저브 신용카드 출시 계획을 발표했다. JP 모건 체이스는 이 카드가 프리미엄 카드의 혁신을 주도할 것이라고 장담했다. 이 카드는 평범한 카드가 아니었다. 출시 전부터 여행 블로그를 중심으로 온라인에서 반응이 뜨거웠다. 온라인 신청 링크가 예정보다 일주일 일찍 공개되었는데, 이 사실이 공식적으로 알려지기도 전에 이미 수천 명이 신청서를 제출했다.

몇 주 뒤, 이 신용카드를 손에 넣은 얼리어답터들은 자신의 이름이 새겨진 카드를 자랑스럽게 선보였다. 그것도 제품을 처음 개봉하며 설레는 순간을 촬영하는 언박싱unboxing● 동영상으로 말이다. 우아한 파란색 포장 상자를 열고 신용카드를 꺼내는 장면을 동영상으로 찍어 유튜브에 올린 이들은 다른 신용카드 신청자들도 무사히 카드를 발급받기를 빈다고 말했다.

실제로 JP 모건 체이스의 당초 예상보다 신청자가 많이 몰리는 바람에 카드를 만드는 재료가 부족했다고 한다. 그래서 임시 플라스틱 카드를 발급해야만 했다. 『뉴욕타임스』는 "카드 한 장 때문에 인터넷이 들썩이는 좀처럼 보기 드문 광경이 연출되었다"라고 보도했다. 체이스 사파이어 리저브 신용카드의 어떤 점이 그렇게 특별했던 걸까?

많은 사람이 이 카드의 연회비가 450달러나 한다는 사실

● 상자를 연다는 뜻으로, 구매한 상품의 상자를 개봉하는 과정을 말한다.

에 놀랐지만, 프리미엄 카드에 익숙한 사람들은 이 카드가 제공하는 엄청난 혜택이 그런 비싼 연회비를 상쇄하고도 남는다고 주장했다. 우선 카드를 사용하면 리워드 포인트를 받을 수 있다. 모든 구매에 포인트가 지급되었는데, 특히 여행·외식·교통 관련 지출에는 포인트가 3배나 지급되었다. 게다가 신용카드 계약서에 서명하는 순간 10만 포인트를 지급받았는데, 당시에는 선례가 없는 파격적인 혜택이었다.

이렇게 선지급을 받은 포인트로 JP 모건 체이스의 예약 사이트를 통해 여행 상품을 구매하면 사용한 포인트의 50퍼센트를 다시 돌려받을 수 있었고, 선지급 포인트는 대부분 항공사나 호텔의 마일리지로 전환할 수 있었다. 구매 금액과 포인트의 교환 비율은 고정되어 있지 않았지만, 조금만 요령을 부리면 1.5~2.1센트당 1포인트를 얻을 수 있었다. JP 모건 체이스는 신용카드 회원들에게 현금 보상도 했다. 미국 자동출입국심사 프로그램TSA Pre-Check* 등록비 90달러와 여행 관련 상품 구매 금액 300달러를 돌려주었다.

여러 급행 서비스와 공항 라운지 이용권, 호텔과 렌터카 관련 특권 등 특별 서비스를 제공했다. 또한 당시 표를 구하기가 하늘의 별 따기만큼이나 힘들었던 뮤지컬 〈해밀턴〉 관람권을 회원들에게 정가에 제공했고, 음악 축제의 백스테이지 패스** 를 판매했으며, 전화 한 통이면 연결되는 회원 전용 안내원이 24시간 대기 중이었다. 신용카드 소지자들이 그런 특권을 행사할 때마다 수수료 면제도 더해졌다.

•

눈길을 끄는 멋진 고객

VVIP 카드 분야의 선구자인 아메리칸 익스프레스는 JP 모건 체이스의 신용카드가 큰 성공을 거두자 적잖이 당황했다. 심지어 아메리칸 익스프레스의 임원은 자신도 이 신용카드가 탐난다고 고백했다. "아메리칸 익스프레스 카드를 내면 부자

• 미국 자동출입국심사 프로그램은 공항에서 출입국 심사를 받기 위해 줄을 서서 기다릴 필요가 없이 신속하고 편리하게 심사를 마칠 수 있는 제도다.
•• 일반 콘서트에서 취재 기자, 카메라맨, 관계자 등에게 발행되는 통행증으로 일반인의 출입 금지 구역에도 들어갈 수 있다.

라는 걸 보여주지만, JP 모건 체이스의 신용카드를 내면 눈길을 끄는 멋진 사람이라는 걸 보여준다." 당시 아메리칸 익스프레스는 'NBA 선수 유니폼 보장' 같은 특권을 제공했다. 아마도 더 눈길을 끄는 멋진 고객을 끌어들이기 위한 전략으로 보인다.

이 신용카드는 카드 소지자가 눈길을 끄는 멋진 사람이라는 걸 어떻게 보여줄 수 있을까? 이 신용카드는 당신의 무엇을 보여주는 걸까? 왜 그토록 많은 사람이 결제 수단에 불과한 신용카드가 부여하는 정체성을 가지고 싶어 안달이 났던 걸까?

금융기관은 예전부터 항상 고객의 정체성에 신경을 썼다. 미디어학자 조시 라우어Josh Lauer는 유튜브에 체이스 사파이어 리저브 신용카드 언박싱 동영상이 등장하기 수백 년 전에 이미 금융 정체성이라는 개념이 존재했다고 설명한다. 정부가 발급하는 여권이나 출생증명서 같은 신원 증명 서류 외에도 신용평가기관이 작성하는 보고서는 현대인을 법적 경제 행위자로 만든다.

소셜미디어가 탄생하기 훨씬 전인 19~20세기에 신용평가기관은 사람들의 부채 규모와 결제 이력 외에도 온갖 소문과 정보를 수집해 정교한 감시망을 구축했다. 이들 기관은 잠재 대출자의 성실성을 추정할 수 있는 모든 정보를 수집하고 그 기록들이 다시 사람들의 행동을 규율해서 좋은 소비자가 되도록 유도했다. 오늘날 최대 신용평가기관 세 곳이 미국인의 대출 이력을 추적해 개인의 금융 정체성에 관한 종합 보고서를 작성한다. 그 보고서가 바로 신용평가서다.

조시 라우어가 설명한 대로 시간이 지나면서 신용평가기관은 숫자 정보에 집중하면서 객관성을 확보하려고 노력했다. 오늘날 신용 기록은 카드 거래 내역, 자동차나 주택의 담보 대출 이력, 각 대출의 개시일, 신용대출 한도와 금액, 계좌 잔고, 결제 이력을 추적한다. 이를테면 어떤 사람이 대출 신청을 해서 대출 기관이 그 사람의 신용 정보를 조회할 때마다 그 사실이 기록된다. 연체, 회수, 파산 등도 기록된다. 임대료와 공과금의 성실한 납부, 안정적인 일자리, 예금 보유 등은 금융 정보이지만, 신용평가서에는 포함되지 않는다는 점에도 주목할 필요가 있다. 연체 이력은 신용평가에 부정적인 영향을 미치지만, 10년에 걸쳐 공과금을 성실하게 납부한 사실은 전혀 참작되지 않는다.

신용평가기관 세 곳은 신용평가서에 각자가 개발한 시스템을 적용해 신용 점수를 매긴다. 객관성을 추구한다고 하지만 신용평가서가 만들어낸 금융 정체성은 당신의 진짜 모습과는 다를 수밖에 없다. 이 개인의 금융 정체성은 법학자 조슈아 니컬스Joshua Nichols가 말한 데이터의 일종이다. 그리고 이 데이터의 평판이 신용 점수라는 형태로 암호화된다.

그런데 체이스 사파이어 리저브 신용카드가 부여하는 눈길을 끄는 멋진 사람이라는 정체성은 신용평가서가 만들어낸 금융 정체성을 일부만 반영한다. 당신이 이 신용카드를 결제 수단으로 건넬 때 그런 행위는 당신의 신용 점수가 좋다는 것을 보여준다. 그러나 뜻밖에도 그런 행위는 당신의 신용 점수가 아주 높다는 것을 의미하지 않는다. JP 모건 체이스는 신용카드 발급 조건을 외부에 공개하지 않았지만, 신용카드 소지자들의 신용평가서를 살펴보면 대체로 파이코 점수FICO score•가 700점 이상이다. 700점은 2018년 미국인의 신용 점수 평균에 해당한다.

실제로 VVIP 카드라는 홍보 문구에도 체이스 사파이어 리저브 신용카드를 발급받기는 생각보다 어렵지 않다. 신용카드가 부여하는 금융 정체성이 특권층으로 분류되는 이유는 이 카드가 엄청난 부를 상징하기 때문이 아니다. 카드 소지자는 신용 점수가 높은 집단이 아니라 신용 점수로 통제하기가 특별히 쉬운 집단이어서 특권층으로 분류되는 것이다. 이들은 신용평가 시스템에 기꺼이 반응하는 집단이다. 또한 그 시스템에 참여하는 데 필요한 경제적·시간적 여유도 있는 집단이다.

●

신용카드는 라이프스타일을 반영한다

엄청난 부와 구매력을 통해서가 아니라면 여러 VVIP 카드 중 하나인 체이스 사파이어 리저브 신용카드는 어떻게 회원들에게 눈길을 끄는 멋진 사람이라는 정체성을 부여하는 걸까? 이

● 미국의 개인 신용평가기관인 페어 아이잭 코퍼레이션Fair Isaac Corporation이 개발한 '파이코'는 대표적인 신용평가 서비스다. 최저가 300점, 최고가 850점이다.

신용카드는 특정 라이프스타일을 대변한다. 예컨대 외식을 즐기고, 우버 택시를 타고, 항공사 마일리지를 쌓을 만큼 여행을 자주 다니면서 지출 항목에 배정된 추가 포인트를 얻는다. 신용카드가 제공하는 여행 관련 혜택을 활용할 수 있는 삶을 살며, 그렇게 쌓은 포인트를 묵히지 않고 활용하는 것이 가능한 삶을 산다.

이 신용카드를 사용하는 사람들은 연회비가 450달러나 되지만, 이 돈은 금방 돌려받을 수 있다고 주장한다. 다시 말해 여행 경비 중에서 300달러 정도를 돌려받고 미국 자동출입국심사 등록비 90달러도 돌려받는다. 그들은 모든 사람이 매년 해외여행을 다니고 자동출입국심사 서비스를 원하는 삶을 산다는 듯이 말한다.

라이프스타일과 취향 외에도 체이스 사파이어 리저브 신용카드는 당신이 현재의 금융 지식에 통달했다는 것을 보여준다. 매달 카드 결제일에 사용 금액을 꼬박꼬박 갚는 사람에게는 리워드 신용카드가 별 소용이 없다. 그런 사람들은 자신의 수입을 넘어서는 필수품이나 사치품을 소비하기 위해 신용카드를 사용하지 않기 때문이다. 리워드 신용카드는 포인트를 모으고 특별한 혜택을 누리는 수단이다.

체이스 사파이어 리저브 신용카드는 당신이 여유롭고, 현대적이고, 특수한 밀레니얼 세대의 관점에서 신용카드를 사용한다는 것을 보여준다. 신중한 소비자였던 기성세대와 달리 당신은 단순히 예금의 이율을 비교하고 성실하게 돈을 모으는 것을 넘어서서 여행 리워드를 제공하는 신용카드로 인테리어 비용을 결제해서 휴가비를 얻는 법을 안다. 신용카드 빚을 경계하는 반소비주의 성향의 기성세대와 달리 당신은 신용카드 빚을 족쇄가 아닌 특권의 상징으로 여긴다.

체이스 사파이어 리저브 신용카드는 단순한 신용카드가 아니다. 라이프스타일 그 자체다. 더 정확히 말하자면 특정 라이프스타일을 만들어내고 그것을 외부에 알리도록 특별히 설계되었다. 물론 신용카드를 발급받으려면 애초에 특권층으로 분류되는 사람이어야 한다. 이들은 신용카드 소지자가 속한 경제 집단의 결제 대행 업무를 하고 싶어 하는 JP 모건 체이스, 그 경제 집단 구성원의 카드를 결제 수단으로 받고 싶어 하는 상인, JP 모건 체이스와 제휴를 맺고 눈길을 끄는 멋진 사람을 위한 혜택을 제공하는 사업체, 체이스 사파이어 리저브 신용카드에 대해 잘 알고 있는 사람들이다.

모든 결제는 거래 정체성을 만들어내고 보여준다. 리워드 신용카드는 외식 결제 금액에는 포인트를 3배 더 지급한다. 이와 대조적으로 복지 수당 수급자에게 발급되는 EBT 카드●로는 따뜻한 통닭구이를 살 수 없다. 따뜻한 통닭구이는 흔히 슈퍼마켓에서 손해를 보고 파는 상품이다. 고객을 끌어모으기 위해 생닭보다 더 싼 가격에 파는 상품이다. EBT 카드로는 냉장고에 보관된 차가운 통닭구이만 살 수 있다. 모든 카드는 곧 라이프스타일이다.

●

바람직한 배우자는 어떤 카드를 사용할까?

결제 수단은 거래 정체성을 보여준다. 개인 맞춤형 금융과 재정 관리법을 전문적으로 다루는 한 블로그에서는 데이트할

● 정부에서 기초 수급자에게 발급하는 카드로 일명 전자 복지 카드 Electronic Benefits Transfer를 말한다.

때 남성이 저녁 식사 값을 결제하는 방식은 여성에게 아주 중요한 정보를 제공한다고 말한다. 많은 신용카드가 리워드 프로그램을 제공하면서 최고의 고객을 두고 경쟁하는 세상에서 그런 보상을 아예 받지 못하는 사람이나 받으려고 노력하지 않는 사람은 매력적인 연애 상대가 아니다. 최근에 파산 신청을 했거나 불법으로 손에 넣은 현금을 써서 없애 버리려고 노력하는 것이 아니라면 굳이 현금을 쓸 이유가 없기 때문이다.

직불카드 사용자는 대출로 고생한 경험이 있거나 그냥 게으른 사람이다. 그러나 아메리칸 익스프레스 센추리온 Centurion(블랙카드)을 사용하는 사람도 조심해야 한다. 블랙카드는 엄청난 연회비를 요구하면서도 쓸데없는 혜택만 제공한다. 그런 카드를 쓰는 유일한 이유는 플라스틱이 아닌 금속 카드, 그것도 특권층 허세의 산물인 직사각형 티타늄 합금 조각을 발급받을 자격이 있다는 것을 남들에게 과시하고 싶어서다.

바람직한 배우자는 어떤 카드를 사용할까? 디스커버 이스케이프Discover & Escape나 코스트코Costco 같은 평범한 브랜드에서 발행한 놀라운 리워드 신용카드다. 이런 카드는 그 남자가 자신의 이미지보다는 자산 관리에 더 신경을 쓴다는 것을 보여준다. 그런 남자는 아버지가 될 준비가 되었을 가능성이 높다. 바람둥이 대 가정적인 남자, 범죄자 대 게으름뱅이, 빚쟁이 대 재수 없는 놈. 결제 수단이야말로 사용자의 진짜 정체성을 보여주는 소중한 단서다.

카드는 이미 가지고 있는 돈이나 앞으로 들어올 돈이나, 은행 예금이나 신용대출 등 우리가 쓸 수 있는 돈에 접근하는 통로다. 신용카드는 우리가 어떤 사람인지를 설명하는 증명서와 나란히 지갑에 꽂혀 있다. 그리고 우리에게 특정 장소를 이용할 권리를 부여하기도 한다. 흔히 카드 사기를 '신원 도용'이라고 부르는 데에는 다 이유가 있는 것이다.

한 국가의 화폐는 그 화폐의 사용자가 적어도 그 거래 공동체의 구성원이라는 사실을 나타낸다. 신용카드 같은 결제 수단은 국가 통화의 일종이지만, 민족국가와는 무관한 새로운 거래 정체성도 만들어낸다. 그런데 체이스 사파이어 리저브 신용카드는 카드가 만들어내는 거래 공동체를 떠받치는 산업 생태계를 통해 현금이나 동전과 차별화된다. 우리가 지불하는 방식은 그 자체로 하나의 산업이 되기도 한다.

신용카드를 발행하고 관리하는 은행을 발급인이라고 부른다. 당신이 운 좋게 체이스 사파이어 리저브 신용카드를 손에 넣었다면, JP 모건 체이스가 그 카드의 발급인이다. 모든 발급인은 기본적으로 같은 업무를 한다. 카드를 발급하고, 신용대출을 하고, 결제를 처리한다. 그러나 최근 10여 년간 카드사 간 경쟁이 점점 치열해지고 있다. 카드사는 고객을 확보하려고 틈새시장을 노린 새로운 카드를 출시한다. 그럴 때마다 각각의 새로운 거래 정체성이 생겨난다.

오늘날 적어도 미국에서는 거의 모든 사람이 결제 수단으로 카드를 사용한다. 카드에는 그 카드의 특권이 무엇인지를 알리는 디자인과 표식이 새겨져 있다. 그러나 그 외에는 모든 카드가 일반적으로 똑같이 생겼다. 또한 카드 리더기에 꽂거나 긁는 행위를 통해 동일한 인프라를 사용한다. 사실은 모든 카드가 국제표준화기구IOS와 국제전기기술위원회IEC가 규정하는 기본 외양을 갖추도록 강제되고 있다.

그러나 그런 외양을 벗겨내면 카드마다 다른 인프라, 더 나아가 다른 경제적·논리적 조합들과 연결되어 있다. 서로 다른 카드는 서로 다른 산업의 역사와 미래와 연결되어 있다.

사용한 만큼 보상받는 카드가 있는가 하면, 사용할 때마다 수수료를 내야 하는 카드도 있다. 상인이 부담하는 수수료가 높은 카드도 있고, 낮은 카드도 있다. 우리의 경제적 행위 능력은 우리가 소유한 돈의 양이 아닌 그 돈의 형태와 인프라와 연결되어 정해진다.

●

회전인 그룹과 거래인 그룹

카드 긁기라는 단일한 행위가 서로 다른 거래 정체성을 불러낼 수 있는 이유는 상인과 은행을 연결하는 비자카드나 마스터카드 같은 개방 루프 네트워크를 통하기 때문이다. 개방 루프 네트워크는 특정 은행이 아닌 은행들의 협력 네트워크를 대리한다. 한 은행이나 한 상인의 업무만 처리하는 폐쇄 루프 closed loop 시스템과는 달리 개방 루프 네트워크는 여러 은행, 상인, 카드 소지자 사이에서 호환이 가능하도록 설계된다.

비자카드나 마스터카드 네트워크에 속한 모든 상인은 네트워크의 규정에 따라 모든 카드와 거래해야 한다. 즉, 비자카

드나 마스터카드 로고가 찍힌 신용카드, 직불카드, 선불카드
는 무조건 받아야 한다. 개방 루프 네트워크가 만들어내는 거
래 공동체는 거래 정체성 간 차이를 유지하면서도 그런 차이
를 초월하는 커뮤니케이션을 가능하게 한다는 특징이 있다.

비자카드나 마스터카드 네트워크는 지불이 이루어지
는 순간마다 각 카드 소지자의 거래 정체성에 반응해서 네
트워크의 설정을 그 정체성에 맞춘다. 실제로 POSPoint of
Sales(판매시점 정보관리) 단말기 1대가 여러 소비자의 카드를
연달아 받는 과정에서 수없이 많은 설정을 불러와야 할 수도
있다. 글로벌 금융 인프라를 통과하는 여러 경로가 열리고 닫
히며, 여러 알고리즘이 예금계좌 잔고 조정, 이자 계산, 수수
료 작성 업무를 수행한다. 때로는 보상을 제공하기도 한다. 현
금은 모든 사용자를 동등하게 취급하지만, 개방 루프 네트워
크는 카드가 사용자에게 부여하는 거래 정체성의 차이를 인
식하고 유지한다. 다만 이런 차이는 겉으로 드러나지 않으며,
개방 루프 네트워크를 사용하는 상인은 특정 카드를 차별하
는 일 없이 모든 카드를 동등하게 취급하고 결제 수단으로 받
는다.

리워드 신용카드의 토대가 되는 사업 모델은 무엇일까? 그런 혜택을 제공하면서 어떻게 수익을 올리는 걸까? 개방 루프 네트워크가 어떻게 일상적인 결제 서비스 업무를 주도하게 되었는지 이해하려면 결제 서비스업체들이 어떻게 수익을 내는지 살펴보아야 한다.

카드사는 카드 소지자를 회전인 그룹과 거래인 그룹으로 나눈다. 회전인은 주로 신용대출을 받으려고 카드를 쓰고 여유가 되는 만큼만 갚는다. 카드사는 회전인에게서 대출 이자를 받아 수익을 올린다. 거래인은 카드를 주로 결제 수단으로 사용하고 매달 결제일에 청구된 금액을 갚는다. 카드사는 고객을 모집하고 그 결과 가맹점에 더 높은 수수료를 요구해서 수익을 올린다. 그리고 그렇게 번 돈 중 일부는 카드 회원에게 혜택을 제공하는 데 쓰인다. 카드사는 두 그룹을 상대로 돈을 벌 수 있지만, 대개 한 그룹에 더 전문화된 서비스를 제공한다. 모든 카드사는 각 그룹의 성향에 맞춘 차별화된 상품을 만든다.

따라서 내가 대형 마트에 가서 내 이름으로 발급된 체이스 사파이어 리저브 신용카드로 결제하면, 대형 마트는 뱅크오브아메리카에 가맹점 수수료를 내고 뱅크오브아메리카는 JP 모건 체이스에 수수료를 낸다. 대형 마트에 나를 고객으로 공급하는 데는 많은 비용이 든다. 포인트 지급과 뮤지컬 〈해밀턴〉 표 판매를 제외하더라도 신용대출 업무, 카드 제작과 발송, 고객 서비스 센터 운영, 청구서 발행, 사기 거래 예방 조치 등을 해야 한다. JP 모건 체이스는 뱅크오브아메리카에서 받은 수수료로 그 모든 비용을 회수한다. 뱅크오브아메리카는 대형 마트에서 받은 가맹점 수수료로 그 수수료를 회수한다. 대형 마트는 내 단골 구매 품목인 씨리얼 가격을 조금 높게 책정해서 가맹점 수수료를 회수한다.

실제로 상인은 돈을 벌기 위해 돈을 낼 뿐 아니라 최고 고객의 돈을 벌기 위해 더 많은 돈을 쓴다. 상인은 일반 신용카드를 사용할 때보다 체이스 사파이어 리저브 신용카드 같은 프리미엄 카드를 사용할 때 조금 더 높은 수수료를 부담한다. 카드 네트워크마다 복잡한 규정을 적용한 수수료 표를 마련해두고 있다. 일반 신용카드의 표준 수수료는 거래액의 1.51~1.8퍼센트인 반면 프리미엄 카드의 수수료는 1.65~1.95퍼센트, VVIP 카드의 수수료는 2.1~2.4퍼센트다.

수수료는 결제 서비스업계에서도 논란의 대상이다. 상인은 수수료가 카드 네트워크의 대표적인 가격 담합 사례라고 주장한다. 비자카드나 마스터카드 같은 네트워크를 이용하는 카드를 받으려면 상인은 그 네트워크를 이용하는 모든 카드를 받아야 한다. 체이스 사파이어 리저브 신용카드는 받지 않으면서 다른 신용카드만 받는 식으로 카드를 가려가며 받을 수 없다. 개방 루프 네트워크와 발급인은 차별화된 수수료 일람표를 가격 담합 사례가 아닌 코피티션이라고 말한다.

아메리칸 익스프레스는 폐쇄 루프 시스템이다. 별도의 발급인이나 매입인이 없고 자체 네트워크를 운영하며 상인에게 높은 수수료를 부과한다. 상인은 아메리칸 익스프레스 카드는 받지 않을 수 있어도 비자카드나 마스터카드 네트워크를 이용하는, 수수료가 비싼 다른 프리미엄 카드는 받아야 한다(아메리칸 익스프레스 카드를 받는 상인은 애초에 신용카드를 받는 이유와 동일한 이유로 그 카드를 받는다. 아메리칸 익스프레스 카드 소지자는 돈을 더 많이 쓰는 경향이 있기 때문이다).

수수료는 왜 내는가?

수수료를 반영하면 상인의 부담 비용이 올라갈 수밖에 없으므로 일부 상인과 고객은 리워드 신용카드가 상품 가격을 올리고, 결국 고객이 자신의 리워드 프로그램 비용과 다른 고객의 리워드 프로그램 비용을 부담하는 것이나 마찬가지라고 주장한다. 리워드 신용카드를 쓰지 않는 고객이 리워드 신용카드를 쓰는 고객의 리워드 프로그램 비용을 보조하는 셈이라는 주장까지 나온다.

2010년 연방준비제도이사회의 연구 보고서에 따르면 카드를 쓰는 가구는 현금만 쓰는 가구에서 매년 149달러를 지급받고 있으며, 더 나아가 현금만 쓰는 사람은 매년 카드를 쓰는 가구에 대해 약 1,133달러를 간접적으로 보조하고 있다고 한다. 많은 연구자가 수수료가 전반적으로 어떤 영향을 미치는지 정확하게 측정하기 어렵다고 지적하면서도 현재의 수수료 체계가 소비자와 상인에게 비효율적이며 특정 소비자나 상인에게 불리할 수 있다는 데에는 동의한다. 우리가 지불하는 방식은 관계적이고 불평등하다.

인류학자 빌 모러가 지적했듯이 이 시스템은 자본주의 경제에 다소 어울리지 않는 면이 있으며 자본주의 경제의 원칙을 따르지도 않는다. 우선 수수료는 기존 시장 논리로는 설명할 수 없다. 발급인이 최고 고객을 두고 벌이는 경쟁으로 인해 상인, 매입인, 잠재 고객이 부담하는 비용이 전부 올라가는 드문 경우이기 때문이다. 지불카드나 신용카드가 만들어내는 수수료, 그 수수료가 투입되는 리워드 프로그램은 여러 거래 정체성 사이에 적용되는 위계질서를 수치화한다. 수수료는 특정 사업들이 나머지 사업들보다 큰 비용을 부담하는 시장을 만들어낸다. 빌 모러는 수수료가 자본주의 체제의 수요와 공급 논리에 의해 정해진 가격표라기보다는 공물貢物에 가깝다고 말한다. 이런 관점에서 접근하면 이 일상적인 거래가 이상하게 느껴지기 시작한다. 상인은 돈을 주고 특정 유형의 사람들을 고객으로 받는 특권을 사고, 그 고객들은 리워드 프로그램이라는 형태로 돈을 받는다.

카드사만이 아니라 모든 상점이 결제 수단으로 받는 지불카드는 20세기에 발명된 비교적 새로운 상품이다. 카드가 만들어내는 차별화된 거래 공동체 또한 비교적 새로운 발명품이다. 체이스 사파이어 리저브 신용카드는 거래 공동체를 만들어내는 수많은 결제 상품 중에서도 최근 들어 가장 주목받은 상품이다. 시작은 다이너스클럽이나 아메리칸 익스프레스에서 발급한 외상카드로, 제3자가 발급한 카드를 상인이 결제 수단으로 받는 서비스를 엘리트층에 제공했다.

초기 외상카드는 겉으로는 클럽의 회원권 같은 기능을 했고, 회원들에게 결제 서비스 외에도 여러 서비스를 제공했다. 그러다 은행이 발급한 신용카드가 등장하면서 카드 결제 서비스가 일반적인 것이 되었지만, 신용카드는 신용대출이 주 기능이었고 외상카드만큼 다양한 서비스를 제공하지는 않았다. 그러다 카드사의 경쟁이 심화되자 아주 다양한 신용카드가 출시되기 시작했다. 그중 일부는 특권층을 대상 고객으로 삼았고 외상카드 못지않게 매력적인 혜택을 제공했다. 반면에 중산층과 서민층을 집중 공략하는 카드도 있었다.

클럽처럼 운영된 다이너스클럽

지불카드의 전신은 1930년대 백화점, 주유소, 기타 대형 상점이 발급한 차가플레이트Charga-Plate였다. 이런 상점은 단골 고객에게 신용대출을 해주었고 차가플레이트를 사용하면 장부 관리와 청구서 작성이 더 수월했다. 작은 직사각형 금속인 차가플레이트는 군인의 인식표처럼 생겼다. 장부 명의자의 이름, 주소, 기타 중요한 정보가 음각으로 새겨져 있다. 이렇게 새겨진 정보는 외상 명세서에 간편하게 찍을 수 있었다. 그 덕분에 거래 속도가 빨라졌고 실수는 줄었다.

1950년대 초에 등장한 다이너스클럽 카드는 최초의 범용 지불카드였다. 한 상점에서만 쓸 수 있는 차가플레이트와 달리 여러 상점에서 쓸 수 있었고 발급인이 결제 업무를 보조했다. 신용카드와 외상카드는 서로 혼용해서 쓰지만, 다이너스클럽 카드는 신용카드가 아닌 외상카드였다. 실제로 외상카드는 시대적으로 적어도 15년이나 신용카드를 앞섰다. 나중에 등장하는 신용카드와 달리 다이너스클럽 카드는 신용대출

계좌와 연계되어 있지 않았으며, 회원이 당월 청구액의 결제를 다음 달로 넘기는 것을 허용하지 않았다. 카드사의 수입원은 카드 연회비, 상인에게서 받는 수수료, 회원에게 돌리는 사보 광고비였다.

다이너스클럽 카드의 회원은 대부분 기업이었다. 이것은 모든 이해관계자에게 도움이 된다. 기업은 개인보다 체납할 확률이 낮다. 고용주가 카드 소지자의 연회비를 냈고 항목별로 정리된 명세서가 출장 경비 내역 보고서를 대신했으며 상인은 값비싼 업무상 저녁 식사를 제공해서 돈을 벌 기회를 얻었다. 업무용 카드를 사용해본 회원은 개인용 카드도 만들었다. 1958년 다이너스클럽은 여성 고객 전담 부서를 마련했다. 남성 회원의 아내와 새로 등장한 전문직 여성 고객을 관리하기 위해서였다. 업무 관행으로 시작된 카드로 결제하기는 곧 일상이 되었다.

다이너스클럽은 실제로도 클럽처럼 운영되었다. 천박한 현금을 쓰지 않아도 되었으므로 싸구려 음식점이라도 현금이 아닌 카드로 지불하면 유쾌한 클럽 같은 분위기가 났다. 카드는 그 카드를 사용하는 회원에게 특권층이라는 이미지를 부여했고, 점점 더 많은 상점이 컨트리클럽 스타일 명세서를 제공했다. 카드 회원은 이전까지는 특정 도시의 특정 가게나 클럽에서만 기대할 수 있었던, 자신이 친숙하고 신뢰받는 사람이라는 느낌을 이제는 다이너스클럽 카드를 받는 곳이라면 어디에서나 받을 수 있었다. 다이너스클럽의 가맹점 네트워크는 미국의 거의 모든 도시, 고속도로 휴게소, 유명한 해외 관광지로 점점 확대되었다.

다이너스클럽에서는 상인이 돈을 받기 위해 돈을 내야 한다는 규범이 일찌감치 자리 잡았다. 다이너스클럽은 폐쇄 루프 시스템이었다. 이 시스템에 참여하기로 계약한 상인만이 사용할 수 있고, 이 시스템의 인프라는 상인과 결제 서비스업자와 고객을 연결했다. 카드사나 매입인이 없고 다이너스클럽이 중간에서 결제 업무를 보조했다.

상인은 다이너스클럽에 수수료를 직접 냈다. 다이너스클럽은 상인을 가맹점으로 모집하기 위해 지불카드가 고객에게 끝없이 샘솟는 효능감을 주며 그래서 어렵게 번 돈을 기꺼이 소비하게 된다는 내용의 심리학 연구 결과를 홍보에 이용했다. 물론 다이너스클럽 회원이 개인 돈이건 회사 돈이건 소비 여력이 더 크다는 것만큼은 사실이었다. 어느 쪽이든 카드 사는 상인에게 눈에 보이지 않는 클럽에 소속되어야 한다고 설득했다. 최고 고객을 끌어모으기 위해 거래 건당 소액의 비용을 부담하는 것은 장기적으로 보면 오히려 더 큰 이득이 될 것이라고 장담했다.

●

내가 누군지 아시나요?

1960년대 말이 되면 상류층 고객 시장에서 아메리칸 익스프레스가 다이너스클럽보다 앞서나가기 시작한다. 초기에는 아메리칸 익스프레스 카드를 발급받기가 매우 까다로웠다. 지금의 VVIP 카드를 발급받는 것보다도 어려웠다. 다이너스클럽 카드처럼 아메리칸 익스프레스 카드는 신용대출을 제공하지 않는 폐쇄 루프 시스템을 이용했다.

아메리칸 익스프레스는 1970~1980년대 성장을 거듭하면서도 마케팅 전략은 거의 그대로 유지했다. 아메리칸 익스프레스 카드를 들고 다니는 것은 상류층이 된다는 것을 의미했다. 예를 들어 1970년대 아메리칸 익스프레스의 '내가 누구군지 아시나요?' 캠페인은 자신의 분야에서 성공했지만 대중적인 인지도는 높지 않은 유명 인사들이 아메리칸 익스프레스 카드 덕분에 자신의 성공에 걸맞은 대우를 받게 되었다는 이야기를 들려주는 형식을 취했다.

이를테면 1971년 TV 광고에 멜빈 블랭크Melvin Blank가 등장해 이렇게 말했다. "내가 누군지 아시나요? 내가 바로 벅스 버니Bugs Bunny*라고 말하면 믿으시겠어요? 벅스 버니 외에도 수많은 만화 캐릭터의 목소리 연기를 했답니다. 그런데 여기서는 내가 엘머 퍼드Elmer Fudd**라고 해도 아무도 눈길조차 주지 않겠죠. 그래서 아메리칸 익스프레스 카드를 들고 다닙니다."

같은 캠페인의 1978년 광고에서는 프랜신 네프Francine Neff가 등장한다. 여성으로는 최초로 1974년부터 1977년까

●　1940년에 워너브라더스가 내놓은 애니메이션 캐릭터로 미국 애니메이션 황금기에 미국 문화의 아이콘 중 하나로 자리 잡았다.
●●　호기심 많은 아이와 같은 캐릭터로 항상 사냥 복장으로 출연하며 벅스 버니에게 속는다.

지 미국 재무부 장관을 역임한 그녀는 같은 질문을 던진다. "내가 누군지 아시나요? 나는 미국 재무부 장관을 지냈습니다. 사람들이 내 이름은 알아도 나는 모르죠. 그래서 아메리칸 익스프레스 카드를 들고 다닙니다. 어디서나 통하고 덕분에 어디서나 환영받는 느낌이에요. 600억 달러 예산안에 서명하는 것도 물론 멋진 일이었지만 여행을 다니는 등 여가 생활을 할 때 내 이름이 새겨진 이 카드를 사용하는 것이 훨씬 더 멋진 일이랍니다."

1980년대에 아메리칸 익스프레스 카드는 이 캠페인의 후속으로 '회원이 되면 특권을 얻는다' 캠페인을 벌였다. 이 캠페인의 전형적인 TV 광고에는 "아메리칸 익스프레스 카드가 다른 카드와 차별화되는 점은 단 한 단어로 표현할 수 있다. 바로 '회원'이다"라는 내레이션이 붙었다. 실제로 아메리칸 익스프레스 카드는 '카드 소지자'라는 용어를 쓰지 않았고 '카드 회원'이라는 표현을 선호했다.

광고에서는 다음과 같은 특권을 보여주었다. 최고의 스키장 코스에 무제한으로 헬리콥터를 타고 올라갈 수 있다. 전세계에 1,400개나 되는 사무소가 있어 중국 여행 중에 현금과 여권을 모두 잃어버리는 일이 생겨도 괜찮다. 모든 중요한 상점에서 거래를 할 수 있으므로 미국의 장난감 체인점 FAO 슈워츠에서 사자 인형과 사랑에 빠진 손자에게 인형을 사줄 수 있다. 여행 전문가가 상시 대기 중이어서 베트남에서 사업 기회가 생겨 오늘 당장 떠나야 할 때 도움을 받을 수 있다.

아메리칸 익스프레스는 제1차 세계대전이 발발했을 때 유럽에 고립된 미국인의 여행자 수표를 전부 인수하면서 유명해졌다. 마르쿠스 키케로Marcus Cicero는 "나는 로마 시민이다Civis romanus sum"라고 선언하는 것만으로 로마인은 로마제국 전역을 자유롭게 여행하면서 특별 대우를 받는다고 설명했다. 아메리칸 익스프레스 카드 회원도 마찬가지여서 이 카드는 국가가 발행한 여권과도 같았다. 1991년에 출시된 센추리온(블랙카드)은 아메리칸 익스프레스의 이런 지향점을 대표적으로 보여준 상품이다. 아메리칸 익스프레스 카드 회원이 되면 특권을 얻는다.

돈이라고 생각하세요

1960년대 이후에는 은행 발급 카드가 상류층이 아닌 사람들을 위한 카드로 급부상했다. 은행 발급 카드는 외상카드가 아닌 신용대출이 제공되는 신용카드였다. 은행은 오래전부터 소비자 금융 서비스를 제공했지만, 뱅크오브아메리카에서 발급한 뱅크아메리카드는 소비자 금융 서비스를 지불카드와 연결한 최초의 카드였다. 뱅크오브아메리카의 결제 시스템 라이선스가 점차 다른 은행에도 판매·도입되었고, 결국 오늘날의 비자카드 네트워크가 되었다.

다이너스클럽 카드나 아메리칸 익스프레스 카드와 달리 은행의 신용카드는 발급받기가 쉬웠다. 처음에 뱅크아메리카드는 별도의 발급 신청 절차조차 없었다. 사람들이 신청하지도 않은 카드를 우편으로 대량 살포했다. 이 관행은 1970년에 최종적으로 금지되었다. 그 이후에도 미국인 대부분은 어떤 식으로든 신용카드를 발급받을 수 있었다. 다만 신용 점수가 낮은 사람에게 제공되는 신용대출은 이자가 비쌌다.

은행의 신용카드 시스템은 고객에게 최소 금액 상환을 허용하는 한편 카드는 곧 특권이라는 이미지를 과감히 포기했다. 다이너스클럽과 아메리칸 익스프레스가 카드 소지자와 가맹점을 직접 연결하는 폐쇄 루프 시스템이었다면, 비자카드와 마스터카드 같은 개방 루프 시스템은 여러 은행·상인·카드 소지자 사이에서 중개자 역할을 했다. 테크놀로지 역사학자 데이비드 스턴스David L. Stearns의 설명대로 개방 루프는 은행 카드 시스템 혁신에서 가장 핵심적인 측면이었다.

비자카드 네트워크는 개인이 은행에서 발급한 카드로 그 은행이 아닌 다른 은행에 계좌를 가진 상인에게 돈을 지불하도록 보조하는 시스템이었다. 당시 미국에서는 거의 모든 주가 은행이 본사 소재지의 주 경계 밖에서 업무를 처리하거나 두세 곳이 넘는 지점을 운영하는 것을 금지했으므로 개방 루프 시스템이 꼭 필요했다. 다이너스클럽과 아메리칸 익스프레스는 은행이 아니었으므로 그런 제약에서 자유로웠다.

은행에서 발급한 신용카드는 카드를 받는 상인의 업종과 수를 늘렸다. 외상카드 회원제 서비스는 고급스러운 저녁 식사, 비싼 장난감, 비상시에 1등석 비행기 표를 살 특권을 제공했지만, 초기에는 아메리칸 익스프레스 카드나 다이너스클럽 카드로 결제할 수 없는 것이 훨씬 더 많았다. 은행에서 발급한 신용카드는 처음부터 일상적인 소비를 염두에 두고 있었다. 뱅크아메리카드의 초창기 광고에서는 잠재 고객에게 자신이 상류층 클럽의 회원이라고 상상해보라고 요청하는 대신에 단순하게 할부로 물건값을 결제할 수 있으면 삶이 얼마나 더 편해지는지 상상해보라고 요청했다.

한 대규모 광고 캠페인에서는 "돈이라고 생각하세요"라고 부추겼다. 1972년의 한 광고에서는 남자가 새로 태어난 세 쌍둥이를 안고 있다. "돈이라고 생각하세요. 예상치 못한 일이 닥쳤을 때 쓸 수 있는 돈입니다." 같은 해 제작된 다른 광고에서는 벽에 페인트칠을 하는 남자를 보여준다. "돈이라고 생각하세요. 가족을 위해 쓸 수 있는 돈입니다." 미국 고급 백화점 버그도프Bergdorf에서 기저귀나 깔개라도 사지 않는 한 아메리칸 익스프레스 카드를 그런 용도로 사용하기는 어려웠다.

1970년과 2001년 사이에 신용카드를 발급받은 가구 비율은 4배 이상 증가했다. 반면에 외상카드를 발급받은 가구 비율은 감소했다. 외상카드는 발급인을 통해 값을 치른다는 관념을 미국인에게 소개했고 그것이 바람직하다는 인상을 심어주었다. 그런 관념을 널리 퍼뜨린 것은 은행에서 발급한 신용카드였다. 은행은 외상카드와 같은 고급 서비스를 제공하지는 않았다. 다양한 대출 한도와 차별화된 이율을 제공했다. 신용카드를 사용하는 당신은 거래 은행의 고객이었다. 아마도 그 은행에 예금도 하고 있을 것이다. 그러나 국제적인 상류층 거래 공동체의 회원은 아니었다.

●

은행들의 치열한 전쟁

1978년부터 은행의 영업 지역을 주 경계 내로 한정하는 규제가 완화되면서 카드업계는 변화를 겪는다. 새로운 혜택을 제공하고 새로운 고객을 대상으로 삼은 무수히 많은 지불카드가 탄생했다. 개방 루프 네트워크에 참여하는 은행들은 미국 전역을 무대로 신용카드 시장에 뛰어들었다. 카드사들은 시장 세분화에 근거한 새로운 카드를 개발하기 시작했다. 카드는 다양한 거래 정체성에 맞춰 기획되었으며, 그런 거래 정체성을 더 잘 드러내고, 또 그런 거래 정체성에서 더 높은 수익을 올리도록 설계되었다.

신용카드를 발급하는 은행은 항공사 마일리지 프로그램과 제휴를 맺고 상류층 고객 시장에서 아메리칸 익스프레스와 본격적으로 경쟁하기 시작했다. 항공사들은 1979년부터 자사 항공편 이용객을 대상으로 마일리지 프로그램을 제공하고 있었다. 항공사 마일리지 프로그램은 다이너스클럽과 아메리칸 익스프레스가 제공하는 리워드 프로그램과 비슷한 점이 많았다. 이 프로그램은 비즈니스 클래스를 중산층 내에서 상위층을 형성하는 별도의 계층으로 분류하는 클럽을 만들어 냈다.

외상카드와 마찬가지로 이 클럽의 회원권은 기업을 통해 얻을 수 있었다. 회원들은 마일리지 대부분을 회사 출장 경비로 쌓았지만, 그렇게 쌓은 마일리지도 회원 개인에게 속한 것이어서 사적인 용도로 사용할 수 있었다. 업무로 쌓은 마일리지라도 각 개인이 항공사 항공편, 호텔 숙박권, 1등석 업그레이드, 스키장 리조트 같은 제휴 휴양지 등에 마일리지를 사용했다. 마일리지 프로그램을 통해 고용주를 위한 업무 활동이 회원 개인을 위한 사치성 소비로 전환되었다.

1987년 당시 신용카드업계 1위를 달리고 있던 시티뱅크는 대규모 마일리지 프로그램을 운영하는 항공사들과 제휴를 맺고 최초의 항공사 마일리지 카드를 출시한다. 아메리칸 익스프레스도 1991년에는 항공사 마일리지 카드를 출시하고 카드 회원들에게 마일리지를 제공하기 시작했다.

1990년대에는 새롭게 부상한 대형 카드 발급 은행들 사이에 주먹다짐이라고 부른 치열한 경쟁이 벌어졌다. 시티뱅크, MBNA, 퍼스트 USA, 체이스 맨해튼, 캐피탈원, 뱅크오브 아메리카 등 오늘날에도 사람들에게 익숙한 대형 은행들이 새로운 카드를 개발하면서 회전인 집단과 거래인 집단을 가리지 않고 치열한 고객 확보 전쟁에 나섰다. 또한 구매 보증, 렌터카 보험, 여행 경비 보상, 여행 가이드 서비스 등 아메리칸 익스프레스 카드가 상류층 회원에게 약속한 것과 유사해 보이는 혜택을 제공하기 시작했다.

신용카드는 외상카드와 달리 매달 결제일에 카드 대금을 전부 갚도록 요구하지 않았으므로 은행들은 아메리칸 익스프레스와 달리 사회적 지위는 높지 않아도 잠재 고객 규모가 훨씬 더 큰 시장에 진출할 수 있었다. 1980년대 말, 비자카드는 아메리칸 익스프레스 카드가 통하지 않는 장소를 일일이 지적하는 광고를 통해 아메리칸 익스프레스에 직격탄을 날린다. 아메리칸 익스프레스의 거래 공동체는 특권층이었으므로 아무래도 배타적일 수밖에 없었다.

1990년대에 출현한 새로운 카드들은 질적으로 차별화된 거래 정체성을 수행하는 신용카드의 유연성을 드러냈다. 연회비를 받지만 환율 수수료가 낮다든지, 이자가 비교적 높지만 이자를 부과하지 않는 유예기간을 제공한다든지 하는 식으로 차별화된 수수료를 내세우기도 했다. GE, AT&T, GM 같은 대기업은 비자카드와 마스터카드 네트워크를 쓰는 카드를 발급했다. 이 카드들은 리워드를 제공했다.

이를테면 GM의 카드는 자동차 구매 금액 일부를 포인트로 돌려주었다. 은행들이 비영리단체와 연계된 단체 카드를 제공하기 시작하면서 신용카드가 적극적인 자기 표현 도구로 활용되기도 했다. 카드 소지자는 시에라 클럽Sierra Club* 에 대한 지지를 표명하거나 자신이 어느 대학교 동문인지를

알릴 수 있었고 리워드 포인트로 그런 단체에 소액 기부도 할
수 있었다.

•

긱 일자리와 1099 경제

2010년대에 들어서면 신용카드 시장은 어떤 거래 정체성이
든 실행할 수 있을 정도로 세분화되었다. 경기가 침체되면서
은행이 대출할 수 있는 자금의 규모가 줄어들어 카드사들은
신용 점수가 높은 거래인 집단에서 고객을 모집하는 데 집중
했다. 이런 고객들이 카드를 사용하도록 유도하려고 혜택이
넉넉한 카드를 출시했지만, 그런 카드는 발급 조건이 까다로
웠다. 대출에 대한 제약이 완화되자 더 많은 사람이 신용카드
사용과 혜택을 묶어서 생각하기 시작했고, 시스템을 역이용

●　　지구의 야생 지역을 탐험하고 보호하며 지구 생태계와 자원의 책
　　　임 있는 사용을 촉구하는 것을 목적으로 1892년에 미국에서 설립
　　　된 비영리민간단체다.

해 포인트를 극대화하는 법을 연구하고 공유하는 온라인 커뮤니티가 등장했다. 기존에는 VVIP 카드나 제공했을 법한 혜택이 점점 더 당연한 것이 되었다.

2009년 미국의 신용카드법은 금융 위기를 겪은 후 시작된 소비자 금융 규제 정책의 일환으로 제정되었디. 21세 미만을 대상으로 하는 마케팅을 제재했고, 신용도가 낮은 사람에게 발급하는 최저 한도 카드에 부과하는 수수료에 상한선을 두었다. 다시 말해 발급인의 업무를 제한했다. 이율과 연체 수수료 규정을 투명하게 명시하도록 요구했고, 이율을 예고 없이 바꾸는 것도 금지했다.

이런 보호 장치는 사업자 카드가 아닌 개인 카드에만 적용되었다. 그래서 소상공인, 프리랜서, 자영업자 등 사업자 카드의 잠재 고객층이 공격적인 마케팅의 대상이 되었다. 사업자 카드는 사용 한도가 높았고, 소규모 사업체 맞춤 혜택이 포함된 매력적인 리워드 프로그램을 제공했다. 예를 들어 체이스 잉크 비즈니스 프리퍼드 카드는 배송비, 인터넷비, 전화비, SNS와 검색엔진 광고비로 지출한 금액에 추가 포인트를 부여한다. 사적인 지출과 사업상 지출이 뒤섞이는 것을 막아

준다는 점에서 소규모 사업체 맞춤 카드는 장부 역할도 한다. 또한 대출을 받기 쉽지 않은 소상공인에게 비상 대출 창구 역할도 한다.

그러나 규제가 미비하다는 것은 개인 카드에는 허용되지 않는 발급 관행이 소상공인 카드에서는 허용된다는 것을 의미한다. 신용도가 낮은 소규모 사업체 업주라도 개인 카드 발급을 신청했다면, 사용 한도가 높은 사업자 카드를 발급받을 수 있다. 신용도와 신용대출 한도가 낮은 소규모 사업체 업주는 변동 이율이 적용되는 사업자 카드 대금의 이자가 급격히 치솟아도 보호받을 길이 없다. 일부 카드는 연체 수수료가 터무니없이 높고 숨겨진 위약금 규정이 있을 수도 있다.

체이스 사파이어 리저브 신용카드는 특권의식에 젖은 밀레니얼 세대의 대표적인 액세서리가 되었다. 그러나 다른 세대의 사람들처럼 좋든 싫든 사업자 카드 소지자와 유사한 거래 정체성을 부여받는 밀레니얼이 늘고 있다. 새로운 형태의 일거리가 등장했고 사람들은 자신을 피고용인이 아니라 서비스를 제공하는 사업자로 여기도록 요구받고 있다. 즉, 주문형 비정규직인 '긱gig 일자리'는 전통적인 일자리를 해체하고 있다.

2016년에 발표된 한 논문에 따르면 2005년부터 2015년까지 생겨난 온라인 일자리의 94퍼센트는 프리랜서, 독립사업자, 상시 대기직·단기 계약직 등 비정규직 일자리에 해당했다. 우버나 에어비앤비 같은 플랫폼으로 소득을 얻는 '1099 경제'●의 규모도 점점 더 커지고 있었다.

이런 맥락에서 사업자 카드는 불안정함의 지표이자 불안정함을 관리하는 도구이자 그것을 심화하는 원흉이 되었다. 사업자 카드는 '1099 경제'를 사는 삶, 요컨대 신용카드 리워드 프로그램에 통달했다는 것이 적극적으로 돈을 모으는 수단으로 활용하는 것을 의미하는 삶에 철저하게 맞춘 카드다. 그리고 그렇게 모은 돈은 사적 용도와 업무적 용도를 나누는 경계선이 모호한 삶에서 생활비로 지출된다. 사업자 카드가 제공하는 할부 금융은 이런 삶의 소득 변동성에 대비하

● 미국에서는 프리랜서가 세금 신고를 할 때 고용주가 작성한 W-2 소득·세금 신고 서류가 아닌 모든 기타 소득을 신고하는 '1099 서류'를 제출하기 때문에 붙은 명칭이다.

는 데 도움이 되는 것이 사실이지만, 카드 소지자는 엄청난 빚을 지게 될 가능성도 있다.

●

신용카드는 빚의 앞잡이

1990년대에는 직불카드, 선불카드, 담보부 신용카드 같은 새로운 유형의 지불카드들이 인기를 얻고 성공을 거두었다. 각카드는 다른 거래 정체성을 낳았고 다른 사업 모델을 토대로 삼았다. 비자카드나 마스터카드 로고가 새겨진 새로운 유형의 카드는 개방 루프 네트워크를 통해 결제가 가능한 모든 곳에서 통했다. 상인은 새로운 유형의 카드를 받아야만 했다. 그때마다 다른 거래 정체성이 실행되고 다른 커뮤니케이션 인프라가 활성화되었다.

직불카드의 경쟁 상대는 외상카드나 신용카드가 아닌 수표였다. 실제로도 처음부터 직불카드는 수표를 의미하는 '체크check'와 '카드card'를 합성한 '체크카드'라는 이름으로 홍보되었다. 사람들이 직불을 의미하는 영어 단어 'debit'을 부

채를 의미하는 영어 단어 'debt'로 오인하는 것을 막으려는
의도도 있었다. 수표로 결제할 때는 수수료가 발생하지 않는
다. 연방준비제도이사회가 공공 서비스의 일환으로 수표의
정산과 결제 비용을 대신 부담했기 때문이다.

그러나 직불카드는 수수료가 발생하고 그것이 카드사의
주요 수입원이다. 다만 직불카드의 수수료는 연방정부의 규제
대상이기 때문에 신용카드의 수수료보다 낮다. 특히 2010년
부터 시행된 도드프랭크법Dodd Frank Act*에서는 직불카드의
수수료 상한선을 명시하고 있다. 현장에서는 이런 규제가 신
용조합과 작은 지역은행이 대형 은행에 맞설 경쟁력이 높은
리워드 카드를 개발하는 데 오히려 걸림돌이 되기도 한다.

은행은 오래전부터 직불카드에 리워드 프로그램을 제공
하는 실험을 했다. 프리미엄 카드와 마찬가지로 최고 고객을

● 도드-프랭크 월스트리트 개혁 소비자 보호법Dodd-Frank Wall
Street Reform and Consumer Protection Act은 버락 오바마
행정부가 만든 광범위한 금융 개혁법이다. 월스트리트로 대변되는
대형 금융 회사들에 대한 규제와 감독을 강화하는 한편, 금융 소비
자를 보호하는 것이 주요 내용이다.

끌어들이기 위해서다. 그러나 상대적으로 낮은 수수료 때문에 발급인으로서는 그다지 매력적인 전략은 아니다. 적어도 미국에서는 직불카드가 외상카드와 신용카드에 비해 브랜드 이미지나 문화적 상징이라는 측면에서 차별화가 덜 진행된 상태다.

직불카드를 선호하는 사람은 대개 신용카드를 빚의 앞잡이라고 생각한다. 그래서 되도록 피하려고 한다. 직불카드는 카드 소지자가 부자라거나 눈길을 끄는 멋진 사람이라고 말하지 않는다. 오히려 불안정성과 도덕적 취약성을 야기하는 신용 시스템에 엮이지 않으면서도 카드로 지불하는 편리성을 누리고 싶어 하는 사람일 뿐이라고 말한다.

1993년 『시카고트리뷴』은 한 기사에서 직불카드가 "적자와 부채 감축이라는 1990년대의 정신에 꼭 들어맞는다"라고 보도했다. 1994년 영국의 『가디언』도 "소비자는 1980년대의 '지금 사고, 나중에 갚자' 정신을 거부하고 있다"라고 전하면서 그런 경향이 "신용카드를 포기한 사람들 사이에서 직불카드 사용 증가로 나타났다"라고 보도했다.

직불카드는 신용카드에 비해 사기에 대비한 보호 장치가

약하다. 신용카드의 소비자 사기 범죄 예방 조치에는 공정신용보고법이 적용되는 반면 직불카드는 전자자금이체법의 적용을 받는다. 이들 법안의 명칭에서 신용카드와 직불카드가 각기 다른 사업 모델을 토대로 삼고 있고 서로 다른 인프라를 활용한다는 사실을 알 수 있다. 신용카드 고객은 자신이 갚아야 하는 대출금에 대한 청구서를 받는다. 직불카드 고객은 무료 자금 이체 서비스를 받는다.

신용카드를 사용하면 매입인은 상인에게 카드 대금을 지불하고, 발급인은 매입인에게 카드 대금을 지불하고 카드 소지자에게 카드 대금 청구서를 보낸다. 카드 소지자는 사기에 의한 결제 건의 대금 지불을 거절할 수 있다. 이런 경우에 발급인은 매입인에게 지불했던 대금을 돌려받는다. 그리고 매입인은 그 돈을 상인에게 청구한다.

직불카드를 사용하면 대금이 카드 소지자의 예금계좌에서 빠져나간다. 직불카드 매입인이 대금 반환을 청구할 때는 매입인의 돈이 아닌 카드 소지자의 돈을 돌려받고자 하는 것이다. 전자자금이체법에 따르면 사기로 인한 거래가 발생했을 때 카드 소지자가 부담하는 손해의 법적 상한선이 영업일 기준 2일 내에 은행에 고지한 경우에는 50달러, 59일 내에 은행에 고지한 경우에는 500달러로 정해져 있다. 60일이 지난 후에 사기 거래 사실을 고지하면 카드 대금뿐만 아니라 초과 인출 수수료와 기타 관련 비용을 카드 소지자가 고스란히 떠안아야 할 수도 있다.

●

초과 인출 수수료는 없습니다

최근 10년간 은행 등 제도권 금융 서비스를 이용하기 어려웠던 사람들을 대상으로 한 이른바 제2금융권 산업이 성장했다. 결제 시스템의 관점에서 이것은 충전식 선불카드라는 새로운 사업 기회를 의미했다. 선불카드는 매우 흔하다. 많은 미국인이 신용카드 서비스를 누릴 수 없는 경제적 삶을 살고 있다. 직불카드는 애초에 예금계좌 개설을 전제로 한다. 그런데 미국 가구의 거의 27퍼센트, 즉 미국인 중 3,350만 명이 '은행 미거래자' 또는 '은행 저거래자'다. 선불카드는 주로 현금을 사용하던 사람들을 카드 소지자로 탈바꿈시켰다. 현금에 의존하던 집단이 개방 루프 시스템에 들어와 아주 뚜렷하게 그 집단의 거래 정체성을 남기게 되었다.

선불카드는 회전인도 거래인도 아니면서 예금계좌도 없는 고객을 대상으로 돈을 벌 궁리를 하던 결제업계의 고민을 해결해주었다. 물론 소소한 수수료를 많이 부과해야 하지만 말이다. 선불카드는 개방 루프 네트워크를 사용하는 여느 카드와 동일한 기능을 하고 직불카드와 동일한 규제를 받는다. 카드사는 카드 소지자가 카드를 사용할 때마다 수수료와 리워드 프로그램을 통해 돈을 버는 대신 선불카드 소지자에게 온갖 수수료를 청구하며, 그 수수료는 달러 단위로 책정된다. 선불카드는 카드 소지자에게 수수료가 부과된다(그 외에도 월 사용료·재충전 수수료·잔고 확인 수수료·휴면 카드 수수료 등이 청구되며, 그것도 모자라 선불카드를 없앨 때도 수수료를 내야 한다).

예를 들어 그린닷GreenDot에서 발급하는 선불카드에는 다음과 같은 수수료가 붙는다. 카드 발급비 최대 1.95달러, 거래 건당 3퍼센트의 수수료, 선불카드 서비스 월 이용료 7.95달러(전월 충전 금액이 1,000달러를 초과하는 경우에는 면제되기도 한다), 현금 충전비 최대 4.95달러, 현금 인출 수수료

2.5달러, 잔액 확인 수수료 0.5달러, 카드 재발급비 5달러 등이다. 이 수수료 책정 기준은 업계 표준에 가깝다.

모보 버추얼Movo Virtual 선불카드처럼 카드 발급비, 월 이용료, 거래 수수료가 없는 선불카드도 있다. 커머스뱅크에서 발급하는 마이스펜딩mySpending 카드는 자동응답 고객 서비스 센터에 전화를 걸 때마다 50센트를 부과한다. 그리고 상담원과 실시간으로 통화하려면 1.5달러를 내야 한다. 법학자 메르사 바라다란Mehrsa Baradaran의 지적대로 "현대 미국 사회의 심각한 아이러니 중 하나는 돈이 없을수록 그 돈을 쓰기 위해 더 많은 돈을 내야 한다는 사실"이다.

주로 프리미엄 카드를 쓰는 사람, 즉 카드를 쓰는 일이 즐겁고 항공사 마일리지를 쌓는 사람이 보기에는 선불카드 이용에 뒤따르는 이런 수수료가 터무니없게 느껴질 것이다. 그러나 경제개발 전문가 리사 서본Lisa Servon은 은행이 관여하는 신용카드나 직불카드에 붙는 수수료보다는 이런 선불카드의 수수료는 예측 가능해서 대처하기가 수월한 것이 현실이라고 설명한다.

그린닷의 충전식 선불카드 포장지에는 다음과 같은 문구

가 적혀 있다. "초과 인출 수수료는 단 한 푼도 없습니다." 마찬가지로 그린닷의 홈페이지는 선불카드로 "당신의 돈을 통제할 능력"을 얻으라고 제안한다. 아메리칸 익스프레스가 월마트와 손잡고 내놓은 블루버드Bluebird 카드는 선불카드가 '은행의 대안'이라고 선포하면서 은행이 무료로 제공하는 모든 서비스를 제공한다고 장담한다. 신용카드 대신 예금이나 충전금과 연동하는 직불카드나 선불카드를 쓰는 사람에게는 결제할 여력이 있는지 없는지가 중요한 게 아니라 자신이 카드 사용에 따르는 수수료를 예상하고 확실하게 관리할 수 있는지가 중요하다.

그러나 사람들이 선불카드를 선호하는 데는 몇 가지 이유가 있다. 선불카드는 최근 들어 단순한 카드 이상의 기능을 하고 있다. 은행 미거래자에게 모바일 기반 돈 관리 서비스를 제공한다. 최신 선불카드는 급여 이체를 받아준다. 연방정부와 대부분 주정부도 비용 절감을 위해 사회보장 수당과 세금 환급금을 어떤 식으로든 수신인의 계좌에 직접 입금하는 것을 선호한다. 따라서 충전식 선불카드는 지불카드의 역할뿐만 아니라 예금계좌의 역할도 하도록 설계된다.

실제로 오늘날 온라인 쇼핑이나 온라인 결제를 할 수 없는 사람은 그 어떤 거래 공동체에도 완전하게 소속되기 어렵다. 어떤 유형이건 지불카드가 있어야 온라인 거래를 할 수 있다. 그린닷의 선불카드는 애초에 자신의 명의로 카드를 발급받지 못하는 청소년이 온라인 거래를 할 수 있도록 설계되었다. 오늘날 많은 선불카드가 고객의 잔고를 확인하고 온라인 결제를 할 수 있는 모바일 앱이나 포털사이트와 연계되어 있다. 이런 식의 유사 은행 서비스를 더 선호하는 고객을 모으기 위해 많은 카드사는 월마트 같은 소매 체인점과 제휴를 맺어 카드 소지자가 직접 충전도 하고 현금도 인출할 수 있는 방법을 마련한다. 그런데 예금계좌와 달리 이런 선불카드의 잔고에는 이자가 붙지 않는다. 카드 소지자가 신용 이력을 쌓을 수도 없다. 그래서 이것을 바꾸려는 시도도 있었다.

●

카다시안 카드와 나스카 카드

2012년 개인 금융 전문가 수즈 오르먼Suze Orman이 어프루브드Approved 카드를 출시했다. 이 카드는 수수료가 비교적 싸고 신용 점수 확인 같은 혜택도 제공했다. 오르먼은 이 카드로 선불카드와 신용평가에 적용되는 패러다임이 바뀔 것이라고 기대하고 있다고 말했다. 미국의 3대 신용평가기관인 트랜스유니언TransUnion은 어프루브드 카드의 데이터를 검토해 앞으로 신용 평가에 반영할 수 있을지 확인해보겠다는 조건부 합의서에 서명했다. 그러나 많은 사람이 이 카드의 성공 가능성에 회의적이었다. 힙합 프로듀서이자 사업가인 러셀 시몬스Russell Simmons가 이미 자신이 출시한 러시카드RushCard에 신용평가기관의 참여를 유도하려고 시도했으나 실패했다. 실제로 트랜스유니언의 조건부 합의는 아무런 성과를 내지 못했고, 어프루브드 카드는 2014년에 단종되었다.

외상카드나 신용카드와 마찬가지로 선불카드는 특정 거래 정체성을 담아내기 위해 브랜드 이미지를 강조한다. 선불카드는 소지자 집단 중 규모가 큰 흑인, 백인 남성 노년층, 최근에는 라틴계의 이미지를 차용한다. 선불카드를 홍보하는 유명인을 살펴보면 매직 존슨Magic Johnson, 톰 조이너Tom Joyner*, 러셀 시몬스 등 흑인이 대부분이다. 아메리칸 익스프레스 블루버드 카드는 광고에 주로 흑인과 라틴계 배우를 쓴다. 그린닷은 흑백 체크무늬 깃발로 꾸민 나스카 충전식 선불카드도 판다. 또 다른 주요 선불카드사인 넷스펜드Netspend는 미국 메이저리그와 제휴를 맺고 카드 소지자가 응원하는 팀의 이름을 새겨넣을 수 있는 카드를 판매하고 있다. 미국에 본부를 둔 스페인어 방송국 유니비전Univision도 선불카드를 판매한다.

그 외에도 단순히 선불카드처럼 보이지 않는 것을 넘어서 골드카드, 플래티넘카드, 블랙카드 같은 프리미엄 카드처럼 보이도록 만든 선불카드도 있다. 2010년 카다시안 가족 Kardashian family**은 자신들의 이름을 붙인 카다시안 카드를 내놓았다. 그러나 수수료가 워낙 높아 반발이 컸기 때문에 한 달도 못 가 이 사업은 접어야만 했다. 당시 코네티컷주 법무부

● 미국에서 25년 동안 라디오 생방송 프로그램인 〈톰 조이너 모닝쇼 Tom Joyner Morning Show〉를 진행했으며, 현재 톰 조이너 재단을 운영하고 있다.
●● 미국에서 리얼리티쇼를 통해 유명세를 얻은 가족으로, 늘 화제와 논란을 몰고 다닌다.

장관이던 리처드 블루멘탈Richard Blumenthal은 이 카드의 발급사인 유니버시티내셔널뱅크에 다음과 같은 서신을 보냈다.

"현재 시장에서 구매 가능한 선불카드 중에서도 특히 카다시안 카드가 우려를 낳고 있다. 수수료가 높을 뿐만 아니라 이 카드의 주요 잠재 고객이자 카다시안 가족의 팬인 젊은층은 아직 금융 경험이 부족하기 때문이다. 이 카드로 카다시안처럼 살기는 불가능하다."

유니버시티내셔널뱅크는 흔히 사회가 보호해야 하는 집단으로 여기는 어린 소녀와 젊은 여성을 주요 고객층으로 삼았기 때문에 비판의 대상이 된 것으로 보인다. 이 카드의 수수료는 실상 선불카드업계에서는 꽤 통상적인 수준이었기 때문이다.

선불카드가 어떤 거래 정체성을 전달하건 그 카드의 밑바탕에 깔린 사업 모델과 인프라는 대동소이하다. 나스카NASCAR 카드는 겉으로 보이는 카드의 디자인을 제외하면 그린닷 카드와 별로 다르지 않고, 스페인어 방송국 유니비전의 카드와도 별로 다르지 않다. 그런데 앞으로는 달라질 것 같다. 선불카드 시장은 수익성이 높고 꾸준히 성장하고 있다. 고객들이 충전식 선불카드에 입금한 총 금액은 계속 증가하고 있다. 2003년에 10억 달러이던 것이 2012년에는 거의 650억 달러가 되었고, 2020년에는 거의 2배에 해당하는 1,160억 달러에 달할 것으로 전망된다.

●

선불카드를 사용하는 이유

선불카드가 점점 더 흔한 것이 되면서 카드사들이 뻔한 브랜드 이미지 전략에서 벗어나 차별화된 다양한 사업 모델을 추구하는 것처럼 보인다. 예컨대 2016년 그린닷은 우버와 손잡고 우버 기사 맞춤 선불카드를 출시한다고 발표했다. 이 카드를 쓰는 우버 기사는 은행 예금계좌가 있건 없건 수입을 어떤 방식보다도 빨리 손에 넣을 수 있게 된다. 저임금 노동자와 긱이코노미 노동자는 급여를 받는 방식으로 선불카드를 더 선호하는 추세다.

일부 전문가들은 선불카드가 아닌 담보부 신용카드를 쓰라고 권한다. 선불카드와 마찬가지로 담보부 신용카드는 신용 이력이 없거나 신용 점수가 낮은 사람들을 염두에 두고 설계되었다. 발급인은 비우량 카드 소지자에게도 신용대출을 제공한다. 다만 신용에 대한 담보로 일정 금액의 현금을 예치하게 한다. 따라서 예치금 250달러에 신용대출 한도 1,000달러 담보부 신용카드를 발급받으려면 우선 카드사에 250달러를 보내야 한다. 카드사는 250달러를 별도의 예금계좌에 보관한다. 그러면 한도가 1,000달러인 신용대출을 고객의 필요에 따라 원하는 방식으로 받을 수 있다.

카드사에 매달 결제일에 최소 상환금과 이자, 연회비만 내면 된다. 이율과 연회비는 상품마다 다르며, 그럭저럭 감당할 만한 수준부터 누가 보아도 너무하다 싶은 수준까지 제각각이다. 카드사는 미지급금을 회수할 다른 방법을 전부 소진했을 때에만 예치금 250달러를 가져갈 수 있다. 고객도 카드를 사용하지 않을 때에만 그 돈을 돌려받을 수 있다. 담보부 신용카드를 쓰면 카드 소지자의 소비와 상환 이력이 신용평가기관에 보고되어 정기적으로 구매를 하고 제때 갚아 나가면서 신용을 쌓을 수 있다. 카드 소지자의 신용 점수가 충분히 높아지면 일반 신용카드나 심지어 프리미엄 카드로 업그레이드할 수 있는 기회를 주기도 한다.

그런데도 선불카드가 담보부 신용카드보다 선호되는 데는 그만한 이유가 있다. 사람들은 250달러나 되는 돈을 묵혀두는 것을 탐탁지 않게 여긴다. 실제로 담보부 신용카드는 대부분 그보다 더 많은 예치금을 요구한다. 빚을 지고 싶지 않은 사람에게는 250달러나 되는 예금을 이율이 24.99퍼센트에 달하는 한도 1,000달러의 신용대출로 전환하는 것이 마뜩찮을 수도 있다. 선불카드는 적극적으로 마케팅을 하고 다양한 브랜드 이미지를 구축하는 반면 담보부 신용카드는 별다른 차별화 전략을 쓰지 않는다. 러시카드 같은 선불카드와 달리 담보부 신용카드는 급여 수표 등 기타 자금을 직접 입금할 수 없다. 게다가 담보부 신용카드 소지자는 제때 돈을 갚지 못하면 카드사에 예치금도 빼앗기고 신용 점수도 훨씬 더 나빠지게 된다.

당신이 그린닷의 선불카드와 담보부 신용카드 사이에서 고민하는 우버 기사라고 해보자. 그린닷이 우버와 제휴를 맺은 덕분에 비정기적이고 금액도 들쑥날쑥한 수입을 가장 빨리 손에 넣을 수 있는 방법은 이제 선불카드를 선택하는 것이다. 선불카드는 비자카드나 마스터카드를 받는 모든 곳에서 통한다. 현금이 필요하다면 월마트에서 인출도 할 수 있다. 수수료가 붙지만 언제, 얼마가 부과되는지 알 수 있다.

반면에 담보부 신용카드로 신용 점수를 쌓고 싶다면 먼저 은행에서 예금계좌를 개설해야 한다. 수입을 그 계좌로 받고 담보부 신용카드 발급에 필요한 예치금을 미리 입금해야 한다. 담보부 신용카드를 정기적으로 써야 하고 매달 결제일에 신용카드 사용액을 갚지 못하면 이자를 내야 한다. 또한 계좌를 꼼꼼히 관리해서 예상치 못한 수수료를 내는 일이 없도록 조심해야 한다. 실제로는 일상생활에서 선불카드와 담보부 신용카드 중 어느 쪽이 더 나은 선택인지 명확하지 않을 때가 더 많다.

선불카드는 수즈 오르먼의 팬, 카다시안의 팬, 러셀 시몬스의 팬, 나스카 팬 등 다양한 잠재 고객의 호감을 얻고 여러 경제적 활동을 실천하기에 적합하도록 설계되었지만, 지나치게 인종화되었다는 비판을 자주 받는다. 선불카드는 흔히 흑인이 금융 지식이 부족하고 경제적으로 비합리적인 행위를 한다는 증거로 제시된다. 그러나 선불카드가 빚으로 이어지

지 않으며, 전통적인 은행 시스템과 단절되어 있는 흑인에게
는 과거에는 아예 선택권조차 없었던 흑인 소비자가 자본주
의와의 관계에서 어느 정도 통제력을 행사하면서도 경제에
참여할 수 있는 수단이라고 할 수 있다. 그래서 흑인들에게
더 나은 서비스를 제공하지도 않는 은행 시스템을 이용하라
고 권하는 대신에 흑인의 경제적 삶과 그 삶에 녹아 있는 지
혜를 존중하는 더 나은 대안이 필요하다.

●

카드가 말해주는 것

21세기에 들어서자 지불카드는 흔한 물건이 되었다. 2004년
에는 미국인의 90퍼센트가 지불카드를 사용하고 있었다. 지
불카드로 결제할 때 필요한 POS 단말기는 세계 전역으로 퍼
졌고, 개방 루프 네트워크 덕분에 카드 소지자는 집에서 멀리
떨어진 상점에서 물건을 구매할 때도 카드로 결제할 수 있다.
오늘날 거의 모든 미국인이 직불카드, 신용카드, 선불카드, 외
상카드, 수표, 모바일 앱 등 어떤 식으로든 현금이 아닌 결제

시스템을 이용한다. 미국인은 매년 수조 달러에 달하는 수십억 건의 카드 거래를 한다.

결제 산업은 사회적 범주화와 구별 짓기, 연대와 배제를 실천하는 시스템이다. 카드업계의 시장 세분화는 세계를 위계적인 거래 정체성에 따라 조직하는 매스미디어 거래 공동체를 만들어낸다. 이 업계의 개방 루프 시스템은 그런 여러 위계질서를 유지하면서도 커뮤니케이션이 가능하도록 보조한다.

당신의 지불카드는 당신에 대해 뭐라고 말하는가? 당신이 지금 당장 지갑을 꺼내서 그 안에 든 것을 몽땅 쏟아내면 그 물건들로 어떤 이야기를 엮을 수 있을까? 당신은 어떤 네트워크에 대한 접근권을 가지고 있는가? 어떤 보상을 받고 어떤 수수료를 내고 언제, 누구에게 지불하는가? 당신의 가치는 어느 정도인가? 당신은 눈길을 끄는 멋진 사람인가?

결제 수단은 하나같이 그 수단을 만들어내고 유지하는 거대한 인프라와 산업에서는 빙산의 일각에 불과하다. 다른 카드는 다른 방식으로 당신을 공급자, 고객, 회원으로 나눈다. 카드 소지자가 누구인지에 따라 카드는 다른 방식으로 사용되고 다른 의미를 지닌다. 자신의 카드를 생명줄로 여기는 사람도 있고, 수치심의 근원으로 여기는 사람도 있고, 권력과 특권의 도구로 여기는 사람도 있다. 우리의 거래 정체성은 철저히 개인적인 것이면서도 서로 뒤엉켜 있다.

돈의
정치학

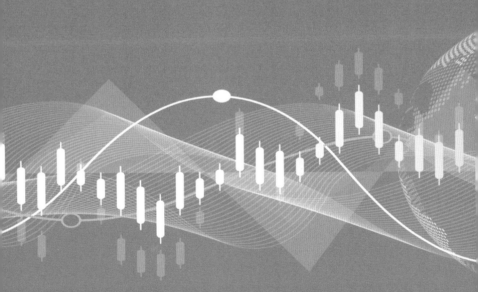

크라우드펀딩이 서비스 약관 규정을 위반했다

2014년 이든 알렉산더Eden Alexander는 일반 약물에 심각한 반응을 일으켰다. 피부가 물집으로 뒤덮였고, 페인트 조각처럼 떨어져나갔다. 응급실을 찾아갔지만 별다른 치료를 받지 못한 채 피부과와 심리치료사를 찾아가라는 이야기를 들은 알렉산더는 곧 2차 MRSA 감염* 증상을 보였다. 가까스로 입원했을 때에는 치사율이 매우 높은 희귀 질환인 점액수종myxedema**성 혼수상태에 빠졌다.

알렉산더는 회복 기간에 친구들과 함께 온라인 기부 사이트 기브포워드GiveForward.com에서 병원비 마련을 위한 크라우드펀딩을 시작했다. 그러나 얼마 안 가 알렉산더는 자신이 진행한 펀딩이 서비스 약관 규정을 위반했기 때문에 모금 활동이 취소되었으며, 기부금은 전액 기부자들에게 환급되었다는 통지를 받았다. 무엇이 문제였을까?

기브포워드는 이메일로 알렉산더에게 온라인 결제 서비스업체인 위페이WePay가 그의 계정이 서비스 약관 규정을 위배했다면서 '그녀의 계정에 표시를 했다'고 알렸다. 그것은 위페이 계정을 포르노와 관련된 활동에 사용하면 안 된다는 규정이었다. 그녀는 성인물 연기자였지만, 그녀의 직업을 언급하지 않았다.

알렉산더는 기브포워드의 이메일을 캡처해서 자신의 트위터에 올렸다. 즉각적으로 위페이를 비난하는 트윗, 블로그

● 　메티실린 내성 황색포도알균 감염Methicillin-Resistant Staphylococcus Aureus infection.

●● 　심한 갑상선 기능저하증 환자에게 나타나는 피부 증상으로 피부 아래 진피 내에 점액이 쌓여 피부가 붓고 단단해지는 증상이다.

게시물, 언론 기사가 쏟아져나왔다. 분노의 목소리가 점점 거세지자 그로부터 이틀 뒤에 위페이는 자사 블로그에 회사 입장을 발표했다. 알렉산더의 크라우드펀딩에 기부하면 성인물을 제공하겠다는 후원자의 트윗을 알렉산더가 리트윗한 사실을 위페이의 시스템이 탐지했다는 내용이다. 이것은 서비스 약관 규정을 직접적으로 위반하는 행위라는 것이었다.

실제로도 알렉산더는 자신을 후원하는 포르노 관련 업체 두 곳의 트윗을 리트윗했다. 한 포르노 제작사가 알렉산더에게 50달러를 기부하는 사람에게 무료 동영상을 제공하겠다고 약속했고, 한 포르노 웹사이트는 20~50달러를 기부하는 사람에게 사진 파일을, 100달러를 기부하는 사람에게 1년 회원권을 제공하겠다고 약속했다.

위페이는 "심의 결과 알렉산더가 이 서비스 약관 규정에 대해 인지하지 못했을 가능성이 있다고 보았으며, 그녀가 모금 활동을 이어갈 수 있도록 새로운 캠페인을 개설할 기회를 제공하겠다고 제안했다"라고 밝혔다. 위페이는 알렉산더가 기존 캠페인을 재개하거나 이미 모금했던 자금을 회수하는 것은 불가능하다고 설명했다. 그러자 크라우드펀딩 사이트 크라우드틸트CrowdTilt.com가 알렉산더의 캠페인을 주관하겠다고 나섰고, 알렉산더는 금세 1만 달러 이상을 모금하는 데 성공했다.

●

페이팔은 당신의 계정을 얼려버립니다

위페이는 원래 월스트리트 시위 후원금의 결제업체로 이름을 알렸다. 위키리크스의 모금 활동을 감찰하거나 계정을 정지한 페이팔과 달리 위페이는 시위 활동과 관련해서는 그렇게 하지 않겠다고 선언했다. 2010년에 페이팔 개발업자 세미나가 열렸을 때 위페이는 "페이팔은 당신의 계정을 얼려버립니다"라는 문구와 5달러 지폐들을 집어넣어 얼린 무게 270킬로그램의 얼음 조각상을 보냈다. 불투명하고 일관성이 부족하기로 악명 높은 페이팔의 서비스 약관 규정을 조롱하기 위해서였다.

위페이는 이런 대담한 장난을 친 직후 사용자 수가 225퍼센트 늘었다고 밝혔다. 위페이의 공동설립자 리치 애버먼Rich

Aberman은 위페이를 반反페이팔 기업으로 소개했다. 그는 특히 위페이의 고객 서비스 시스템은 계정 정지가 야기하는 혼란에 더 잘 대처한다고 강조했다. 위페이의 창립 일화에 따르면, 위페이 설립자들은 친구의 총각 파티 비용을 공동 부담하는 과정에서 아이디어를 얻어 결제 플랫폼을 개발했다. 알렉산더의 지지자들은 그런 총각 파티 비용에는 현재 위페이의 서비스 약관 규정에 어긋나는 활동 경비도 포함되어 있었을 것이라고 지적했다.

알렉산더의 지지자들은 위페이의 이런 조치가 명백히 성노동자를 차별하는 행위라고 생각했다. 페미니즘 포르노 스타 키티 스트라이커Kitty Stryker는 "알렉산더가 캠걸camgirl이라서 모금 활동을 할 자격도 없다는 거죠"라고 주장했다. 스트라이커는 위페이의 서비스 약관이 "성인물 연기자나 캠걸을 포함해 성인물이나 성인물 관련 콘텐츠를 금지한다"는 점에 주목했다. 스트라이커는 위페이의 서비스 약관을 위배했다고 판단하는 근거가 "포르노를 이용해 모금 활동을 했기 때문이 아니라 그녀가 캠걸이라는 점"임을 알 수 있다고 주장했다.

사생활 보호와 정보의 자유로운 이동을 중시하는 자유주

의자들은 위페이의 감찰을 더 걱정했다. 레딧Reddit*의 한 게시물에는 이런 내용이 적혀 있었다. "내가 가장 두려워하던 일(은행이 성 노동자 블랙리스트를 공유하는 사태)은 아직 실현되지는 않았지만, 내가 두 번째로 두려워하던 일은 실현되었다. 은행은 성 노동자를 쫓아낼 핑곗거리를 찾으려고 소셜미디어를 적극적으로 감찰하고 있었다. 그리고 리트윗이라는 핑곗거리를 찾았다."

위페이는 포르노나 성 노동자에게 도덕적인 잣대를 들이대지 않는다고 주장했다. 과거에 다른 포르노 배우의 크라우드펀딩을 성공적으로 완수한 사례도 제시했다. 위페이의 공동설립자이자 최고경영자 빌 클레리코Bill Clerico는 트위터에 "위페이는 은행, 비자카드, 마스터카드가 정한 규정을 따른다"라고 설명했다. 그는 "위페이가 원해서 고객의 웹사이트와 소셜미디어를 감찰하는 것이 아니라 그래야만 하기 때문에 감찰한다"라고 강조했다.

● 자신이 쓴 글을 등록하고 그 글을 다른 사용자들의 투표를 통해 주제별 섹션이나 메인 페이지에 올라가게 하는 소셜 뉴스 웹사이트다.

이런 반응들은 하나하나 더 자세히 들여다볼 필요가 있다. 위페이의 고객 관리 시스템에 분개한 알렉산더의 지지자들이 이 사건이 실제로는 "테크 산업에 종사하는 백인 남성들이 의료 지원이 필요한 포르노 배우에게서 돈을 빼앗는 것을 당연한 일로 여긴다"는 현실을 보여주는 사례라고 한 말은 틀리지 않았다. 그러나 알렉산더가 여러 관련 시스템에 편입되어 있는 위페이의 서비스 약관을 위배했다는 클레리코의 말도 일리가 있다. 그런데 어느 쪽도 왜 이런 일이 벌어졌는지에 대해서 만족할 만한 답변을 내놓지 못했다.

우리가 지불을 받을 수 있도록 보조하는 시스템은 다른 많은 인프라처럼 대개 눈에 보이지 않는다. 시스템이 작동을 멈추면 그제야 우리의 눈에 띈다. 결제를 보조하는 시스템에 문제가 생기면 계정이 정지되는 것이 보통이다. 사람들은 왜 그런 일이 벌어졌는지 제대로 이해하지 못할 때가 많다. 답변을 들어도 속 시원하게 해결되지 않는다. 늘 같은 일이 반복된다. 시스템이 비정상적인 금액이나 이체 횟수를 탐지한다. 그래서 보안상의 이유로 계정을 정지하고 계정이 다시 정상화되기까지는 몇 주, 최소한 며칠이 걸릴 것이라고 통지한다.

오퍼레이션 초크 포인트

이런 일을 겪은 것은 알렉산더만이 아니다. 매일 수많은 사람과 단체가 여러 가지 이유로 불시에 결제를 정지당한다. 알렉산더의 사례에서 보듯이 그로 인해 큰 어려움에 처하기도 한다. 2013년 미국 법무부와 여러 관련 기관이 참여한 금융사기법 집행 전담반이 진행한 오퍼레이션 초크 포인트Operation Choke Point* 정책을 둘러싸고 벌어진 논쟁은 지불을 받을 수 있는 능력과 자격이 휘두르는 권력을 잘 보여준다.

2009년 금융 위기 이후 오바마 행정부가 실시한 이 정책은 상인이 지불받는 것을 제약하는 방식으로 금융 기관을 통하는 소비자 대상 사기 행위를 예방할 목적으로 만들어졌다. 미국 법무부 대변인의 말대로 "그런 상인들이 생존하는 데 꼭 필요한 산소를 차단해서 질식사"하게 유도하고, "사기 목적

●   버락 오바마 행정부 시절 부정적 합법 산업에 대한 금융 서비스를 제한한 정책을 말한다.

을 지닌 온갖 상인들이 활동하는 시스템 내부 환경 자체를 바꾸고" 있었다. 오퍼레이션 초크 포인트 정책의 첫 목표물은 폰지 사기Ponzi Scheme●에 흘러들어가는 자금의 결제를 처리한 노스캐롤라이나주 은행이었다.

공화당 입법자들과 일부 금융 서비스업자가 곧바로 이 정책에 반대 의사를 표시했다. 캘리포니아주 공화당 대변인인 대럴 이사Darrell Issa는 이 정책의 진짜 목적은 사기와의 전쟁이 아니라 "오바마 정부가 '고위험군' 등 마음에 들지 않는 기업들을 질식사하게 만드는 것"이라고 주장했다. 그는 총기와 탄약 판매를 고위험군으로 분류한 내부 문건이 그 증거라고 말했다.

반면에 오퍼레이션 초크 포인트 정책을 지지하는 사람들은 범죄자, 약탈자, 사기꾼을 옥죄고 몰아낼 것이라고 강조했다. 또한 이 정책이 정치적 목적으로 악용되고 있다는 주장은

● 신규 투자자의 돈으로 기존 투자자에게 이자나 배당금을 지급하는 방식의 다단계 금융 사기를 말한다. 1920년대 미국에서 찰스 폰지Charles Ponzi가 벌인 사기 행각에서 유래되었다.

근거가 없으며, 대럴 이사가 증거로 제시한 문서는 미국 연방 예금보호공사FDIC의 오랜 관행을 정리한 문건으로 이 정책과 무관하다고 지적했다.

오퍼레이션 초크 포인트 정책의 지지자와 반대자 모두 결제 중개자가 엄청난 권력을 휘두른다는 것에는 동의했다. 누구에게, 어떻게 지불을 받는가 하는 문제는 조직과 사람을 불문하고 생존이 달린 문제다.

지불받는 것의 중요성을 보여주는 또 다른 대표적인 사례가 있다. 2010년 위키리크스는 미국 국무부의 비밀 외교 문서 수천 건을 공개하기 시작했다. 다양한 인터넷 정보 서비스업자가 위키리크스에 대한 서비스를 중단했는데, 미국 국무부의 입김이 작용한 것으로 짐작되었다. 클라우드 스토리지 cloud storage●를 제공한 아마존과 위키리크스의 웹사이트 도메인 주소를 관리하는 에브리DNS 등도 그런 인터넷 정보 서비스업자였다. 더 나아가 페이팔, 마스터카드, 비자카드, 뱅크

● 디지털 데이터를 저장하는 시스템이다. 클라우드 스토리지 사용자는 데이터를 사용·접근할 수 있고 여기에 저장한다.

오브아메리카가 위키리크스의 기부금 관리를 담당한 독일 소재 재단의 계정을 정지했다.

한 블로거가 『와이어드Wired』에 기고한 글에서 지적했듯이 데이터 서버와 도메인 지원 업체의 검열로 인해 위키리크스가 겪은 어려움은 다소 과장된 측면이 있었다. 위키리크스의 모든 정보는 보안이 더 철저한 서버 등 여러 곳에서 미러링mirroring°되고 있었기 때문이다. 그러나 위키리크스의 자금 흐름에 대한 공격은 "정말로 골치 아픈 문제였고 조직에 치명타가 될 가능성"이 있었다.

위키리크스는 결제 봉쇄 조치로 "기부금의 95퍼센트 정도가 차단되었고, 그 결과 1,000만 달러의 손해를" 입었다. 법학자 세스 크레이머Seth Kreimer는 결제 서비스업체를 통해 지급받지 못하게 하는 것이 매우 효과적인 유사 검열 조치라고 지적한다. 그런 조치로 인해 조직이 마비되고 결국 해체될 수도 있기 때문이다.

● 장비가 고장 났을 때 데이터가 손실되는 것을 막기 위해 데이터를 하나 이상의 장치에 중복 저장하는 것을 말한다.

내 돈을 내가 사용할 수 없다

현대의 네트워크 사회에서는 정보, 물질, 가치를 운송하는 인프라가 휘두르는 권력이 힘이나 협박 등 눈에 잘 띄는 폭력보다 훨씬 더 치명적이다. 정치적인 의도가 전혀 개입하지 않은 경우에도 지불받지 못한 사람이나 조직은 큰 위기에 처할 가능성이 매우 높다. 결제라는 공기가 차단되면 개인도 폰지 사기 조직이나 해킹 단체와 마찬가지로 질식사할 수 있다.

2015년 소프트웨어의 일시적인 오류로 러시카드 고객 수천 명이 급여를 입금하지 못하는 사태가 벌어졌다. 러시카드는 은행 계좌와 연계할 필요가 없었고 신용조사나 신용 이력을 요구하지 않았다. 은행 비거래자에게 금융 서비스를 제공할 목적으로 만들어졌기 때문이다. 다른 선불카드와 달리 러시카드는 고객에게 러시카드 계정에 급여를 입금해서 일종의 예금계좌처럼 관리하도록 권장했다.

한 고객은 트위터에서 이렇게 불평했다. "돈 없이 지낸 지도 벌써 일주일. 정말 힘들다. 도움을 기대할 수 없는 미혼모.

뼈 빠지게 일해서 돈을 벌었는데 그 돈을 쓸 수가 없다니." 미국 소비자금융보호국에는 이런 불만이 수천 건도 더 접수되었다.

어느 대학생도 최근 벤모 계정이 정지되었다. 이 학생은 동아리에서 주관한 슈퍼볼 파티에 쓸 물품을 사느라 400달러를 썼다. 동아리 사교부장이 400달러를 벤모로 돌려주면서 '슈퍼볼'이라는 메모를 달았다. 다음 날 이 학생은 친구와 저녁을 먹으러 가서 자신의 몫을 벤모로 친구에게 보내고 '내기'라는 메모를 달았다. '내기'는 요즘 '합의했다' 또는 '정산했다'는 뜻으로 사용되는 은어다. 그 직후 학생의 벤모 계정이 정지되었다. 벤모는 큰 금액의 '슈퍼볼' 결제에 '내기' 결제가 이어지자 두 결제가 도박 행위로 표시되었으며, 벤모의 서비스 약관 규정에 의해 금지되는 활동을 했으므로 계정을 정지했다고 통보했다.

이 학생은 고객 서비스 센터에 전화를 걸어 해명했지만, 여전히 정지 상태이며 잔고에도 손을 댈 수가 없다고 했다. 이 학생이 속한 동아리의 모든 회원이 벤모를 사용하며 거의 모든 거래를 벤모로 해결한다. 미국 사회의 특권층에 속하는 사람인 백인 남성조차 자신의 거래 공동체를 보조하는 결제 수단에 대한 접근권을 박탈당한 것이다.

어떤 거래 공동체이건 그 공동체의 정회원이 되려면, 그리고 그 경제에 참여하고 살아남으려면 지불을 받을 수 있어야 한다. 현금, 전자화폐 등 종류를 불문하고 하나 이상의 결제 시스템에 접속할 수 있어야 하고 그 시스템이 안정적으로 작동해야 한다. 갑자기 시스템이 문제를 일으켜 뜻하지 않게 돈을 지불받을 수 없으면 애초에 시스템에 접속할 수 없었던 사람과 똑같이 위태로운 처지에 놓이게 된다.

지불받는 것은 거래 공동체에서 가장 기본이 되는 요소일 것이다. 정부 발행 화폐를 예로 들어보자. 외국인 관광객이 그 나라의 화폐로 지불하기는 쉬워도 지불 받기는 매우 어렵다. 이것은 의도된 현상으로, 경계와 국경이 눈에 보이지 않게 적용되는 복잡다단한 방식의 하나다. 지불받을 수 없다면 당신은 그곳에 완전하게 속한 사람이 아니다.

결제는 커뮤니케이션, 즉 한 장소에서 다른 장소로 정보를 운송하는 것이다. 그런데 돈은 독특하게도 사회가 그 가치를 보증하는 정보다. 그 정보 덕분에 당신은 난방비, 식비, 주거비 등 가족을 위한 운영 경비를 제공할 수 있다. 지불을 받는 일은 생사를 가를 수도 있는 커뮤니케이션 행위다.

그러나 그런 행위는 대개 우리 눈에 띄지 않는다. 지불 받는 일은 일상적이고 예측 가능한 우리의 경제적 삶에 깔린 배경음악이기 때문이다. 대부분의 사람에게 지불을 받는 일은 지불을 하는 일보다는 드문 활동이다. 정기적으로 받는 급여에 맞춰 빠듯하게 살아가는 사람들도 어쨌거나 일반적으로는 은행 계좌 이체라는 형태로 꼬박꼬박 급여를 받는다. 대개는 돈을 충분히 벌지 못하는 것이 문제가 될 뿐 이미 번 돈에 대한 접근권이 없는 것이 문제되는 일은 드물다. 그러나 우리가 지불을 받기 위해 의존하는 시스템이 고장 나면 그 결과는 애초에 돈을 충분히 벌지 못하는 것과 다를 바 없으며 심지어 더 치명적일 때도 있다.

현대 결제 산업의 주된 업무는 개인과 사업자가 지불을 받을 수 있도록 보조하는 일이다. 그러나 결제 산업에 종사하는 사람들에게도 카드 결제는 가장 낯선 부문에 속한다. 이 업무를 수행하는 아주 미묘하게 다른 다양한 방식이 존재하기 때문이다. 결제 과정이 중첩적으로 진행될 수도 있고, 여러 중개인과 당사자가 관여하기도 한다.

●

스타벅스에서 커피를 마시면,
JP 모건 체이스가 결제한다

상인은 누구나 돈을 받기 위해 돈을 낸다. 고객이 카드를 사용할 때마다 수수료를 내고, 그 외에도 정보 처리비와 POS 단말기 대여료 등을 낸다. 은행도 고객을 공급한 신용카드사에 수수료를 낸다. 그리고 이 수수료를 상인에게 떠넘기면서 자신들이 제공하는 서비스에 대한 비용까지 청구한다. 비자카드와 마스터카드 같은 카드 네트워크는 발급인과 은행의 중개인역할을 한다. 카드 네트워크는 회원 은행에 표준화된 메시지를 전송해 결제의 규칙과 지침을 실행한다. 또한 그런 메시지를 전송하는 컴퓨터 네트워크와 정보 시스템을 운영한다.

대규모 상인은 일반적으로 대형 은행과 직접 거래한다. 이들은 대부분 결제를 관리하는 내부 전담 팀을 운영하며 심지어 결제 소프트웨어를 자체 개발하기도 한다. 따라서 중소 상인처럼 정보 처리 등의 부가서비스를 제공받을 필요가 없다. 중소 상인은 은행과 직접 거래하지 않는다. JP 모건 체이스나 웰스 파고 같은 대형 은행은 일반적으로 상인 전담 고객 서비스를 제공하지 않으며, 중소 상인은 매출 규모가 작다 보니 가격 경쟁력이 없기 때문이다. 그래서 중소 상인은 독립 영업 조직인 ISOIndependent Sales Organization를 통한다. ISO는 쉽게 말해 결제 서비스 도매업자다. 은행에서 결제 관련 서비스를 묶음으로 사들인 다음 작은 단위로 나눠서 상인에게 재판매한다.

ISO를 가리켜 흔히 은행업계의 '현장 요원'이라고 부른다. 데이터 처리, 소프트웨어, POS 단말기 등 상인들에게 필요한 고객 서비스를 지속적으로 제공한다. ISO도 엄청나게 다양하다. ISO는 1인 기업이나 대기업일 수도 있다. 특정 산업이나 사업에 특화된 ISO도 있다. 상인과 처리업자 사이에 둘 이상의 ISO가 낄 수도 있으며, 이 경우에는 결제에 관여하는 여러 ISO끼리 상인이 내는 수수료를 나눠 갖는다. ISO가 상인에게 부과하는 수수료도 천차만별이어서 상인의 업종과 ISO가 제공하는 서비스에 따라 달라진다.

내가 아침 일찍 스타벅스에서 버지니아주립대학 신용조합 비자카드로 2.1달러를 내고 커피를 살 때 그 돈이 한 방향으로만 움직이는 것처럼 보일 수 있다. 내 카드의 발급인인 버지니아주립대학 신용조합이 비자카드의 교환 시스템을 거쳐 스타벅스의 거래 은행인 JP 모건 체이스에 커피값을 지불한다. JP 모건 체이스는 그 돈을 스타벅스에 지급한다.

그런데 그 돈은 반대 방향으로도 움직인다. 스타벅스는 JP 모건 체이스에 수수료를 낸다. JP 모건 체이스는 나를 고객으로 공급한 버지니아주립대학 신용조합에 수수료를 낸다. 스타벅스는 거래 매출 규모가 큰 기업이므로 비교적 낮은 고정수수료를 낸다. 스타벅스는 POS 단말기를 위한 자체 하드웨어와 소프트웨어를 개발했으며, 자사가 매일 판매하는 수백만 잔의 커피에 대한 값을 확실히 지불받을 수 있도록 지원하는 내부 부서도 여럿 두고 있다.

반대로 우리 동네의 카페가 JP 모건 체이스와 직접 거래를 한다면 별로 실익이 없을 것이다. 내 단골 카페는 웰스 파고의 결제 서비스를 재판매하는 소규모 ISO 업체와 거래한다. 이 ISO는 내 단골 카페를 위해 스타벅스의 내부 부서가 담당하는 업무 대부분을 대신 수행한다. POS 단말기를 관리하고 그 정보가 업계의 표준과 법규를 준수하도록 감독하고 결제 처리 과정에서 문제가 생기면 해결한다.

은행은 결제 서비스 외에 위험도 판매한다. 상인이 고객의 카드를 받으면 은행은 단기로 그 지급을 보증한다. 내가 커피값을 결제하려고 카드를 사용하면 JP 모건 체이스는 2.1달러에서 수수료를 뺀 금액을 스타벅스에 빌려주는 셈이 된다. 그런 다음 버지니아주립대학 신용조합이 스타벅스가 JP 모건 체이스에 빚진 결제액 전부를 정산한다. 마지막으로 버지니아주립대학 신용조합은 커피값 2.1달러를 포함해 그동안 카드로 결제한 금액과 이자를 내게 청구한다.

사기나 불만 등 어떤 이유로든 내가 커피값 2.1달러의 지급을 거절하면 버지니아주립대학 신용조합은 지급을 거절한다. 그렇게 되면 은행은 발급인에게 결제액을 환불할 의무가 생긴다. 발급인은 은행에서 돌려받은 돈을 다시 고객에게 돌려준다. 그런 다음 은행은 상인에게서 그 돈을 회수해야 한다. 버지니아주립대학 신용조합은 JP 모건 체이스에서 2.1달러를 돌려받고 JP 모건 체이스는 그 돈과 추가 수수료를 스타벅스에서 돌려받는다.

내가 단골 카페에서 낸 커피값 지급을 거절하면 버지니아주립대학 신용조합은 그 돈을 웰스 파고에서 받아내고 웰스 파고는 그 돈을 커먼웰스 머천트 솔루션스Commonwealth Merchant Solutions에서 받아내고 커먼웰스 머천트 솔루션스는 그 돈을 단골 카페에서 받아낸다. 은행의 업무, 즉 상인에게 대가를 받고 제공하는 서비스 중 하나는 상인 대신 위험을 떠맡는 것이다. 지불을 받는 과정은 곧 단기 신용대출이기도 하다.

가장 이상적인 것은 고객이 지급을 거절하는 일이 생기지 않는 것이다. 또한 그런 일이 생기더라도 상인이 그 돈을 기꺼이 은행에 돌려주는 것이다. 그러나 현실적으로는 은행이 상인에게서 돈을 회수하기가 어려울 수 있다. 예를 들어 상인이 판매하는 제품이 형편없다면 지급 거절이 엄청나게 많이 일어날 것이다. 결국 상인은 파산할 것이고 은행에 돌려줄 돈이 한 푼도 남지 않을 수도 있다. 상인이 사기를 쳤다면 어떻게 될까? 은행은 상인에게서 돈을 회수하려고 시도하겠지만, 은행이 고스란히 뒤집어쓸 가능성이 크다.

●

ISO가 고위험군 상인들과 거래하는 이유

이런 위험은 사업 아이템이 되기도 한다. ISO는 상인과 은행 서비스를 중개하듯이 위험을 중개한다. 자신이 서비스를 제공하는 상인의 위험을 은행을 대신해서 떠안는 것이다. ISO는 지급 거절 확률에 따라 상인을 분류하며 수수료를 달리 책정한다. ISO마다 위험 선호도가 다르다. 어떤 ISO는 고위험 결제 서비스를 전문적으로 맡으면서 상인에게 높은 수수료를 부과한다. 상인이 지불을 받기 위해 내야 하는 돈은 매출 규모에 따라서도 달라지지만, 지급 거절이 일어날 확률에 따라서도 달라진다.

고위험 상인을 전문적으로 취급하는 ISO가 생각하는 이상적인 상인은 고위험군으로 분류되지만(그래서 높은 결제 서비스 비용을 청구할 수 있지만) 실제로는 지급 거절이 발생하는 일이 그렇게 많지는 않은, 그리고 더 중요하게는 실제로 불법 행위는 하지 않는 상인이다. 일반적으로 은행업계에서는 전체 판매 거래 대비 지급 거절 비율이 1퍼센트인 경우를 지급 거절 위험의 표준으로 삼는다. 이 비율을 2퍼센트 미만으로 유지하는 상인은 ISO와 통상적인 고위험 계약을 체결할 수 있다. 그러나 ISO가 적용하는 위험 수준의 기준은 천차만별이다.

모든 상인은 아무리 위험도가 높아도 계약을 체결할 ISO를 찾을 수 있고, ISO가 제시하는 수수료를 감당할 의지와 능력만 있다면 카드를 결제 수단으로 받을 수 있다. 물론 ISO가 고위험 상인에게 은행 계좌 개설과 예치금과 사업자 개인의 보증을 요구하고, 기타 손실을 상계할 다른 조치들을 취할 수도 있다. 그러다 지급 거절 거래가 계속 쌓이면 ISO는 자사의 이익을 보존하기 위해 상인과 함께 사업 개선 계획을 세우거나 수수료를 올리다가 결국에는 계약을 해지할 것이다.

특정 산업은 업종의 성격상 고위험군으로 분류되거나 사기 거래 위험이 높다고 간주되기도 한다. 그런 업종의 예로는 위조 명품, 약초, 총기처럼 일부 주에서는 규제되고 일부 주에서는 허용되는 물품의 판매, 점성술이나 벼락부자가 되는 법처럼 소비자의 불만을 살 수밖에 없는 서비스 판매, 다이어트약이나 공유 별장 등 허위과장 마케팅이 동원되는 사업, 포르노나 도박 등 소비자가 부끄럽게 여길 만한 물품이나 서비스 판매 등이 있다.

연휴가 끝난 직후에는 소비자가 과소비를 후회하며 지급 거절을 하는 빈도가 높아진다는 것도 업계에서는 상식으로 통한다. 부끄러움, 후회, 공짜로 얻고 싶은 심리 등 어떤 감정에서 비롯된 것이든 이런 유형의 지급 거절을 '익숙한 사기'라고 부르며 이로 인해 발생하는 비용은 결제 수수료에 이미 포함되어 있다.

은행이 위험한 거래에 부과할 수 있는 수수료에도 상한선이 존재한다. 위험 관리 외에도 은행은 '네 고객을 알라Know Your Customer, KYC' 법규를 지킬 의무가 있다. 은행이 결제할 때 고객의 신원을 확인해야 하며, 그 고객이 돈세탁·테러 자금 지원·기타 불법적인 활동에 관여하지는 않았는지 확인할 의무를 말한다. 이런 의무를 소홀히 한 것으로 밝혀지면 엄청난 벌금이 부과될 수 있다. 실제로 거센 반발을 불러일으킨 오퍼레이션 초크 포인트 정책의 업종 목록은 위험 관리 실사 의무와 KYC 법규 준수 의무와 관련해서 미국 연방예금보호공사가 오래전에 작성한 지침의 내용과 동일했다.

'지급 거절'이라는 개념은 결제가 위험 관리의 기술로 사용된다는 점을 보여준다. 독일의 사회학자 게오르크 지멜에 따르면 현대의 돈, 즉 국가가 발행하는 현금 덕분에 현대인은 대도시에서 모르는 사람과 거래할 수 있다. 여기서 핵심 요소는 거래의 일시성이다. 마을에서는 거의 언제나 신용으로 교환이 이루어졌다. 누구나 당신이 어디 있는지 알고 있으므로 당신이 교환을 성실히 이행할 것이라고 믿는다.

그러나 도시에서는 현금을 주고받는 것으로 교환이 완결된다. 지속적인 관계를 이어나갈 필요가 없는 것이다. 지불 받는 사람은 지불하는 사람을 믿지 않는다. 그리고 믿을 필요도 없다. 현금만 믿으면 된다. 그런데 현금은 그 자체로는 지급 거절이 불가능하다. 따라서 재화나 서비스를 현금과 교환할 때는 늘 구매자가 조심해야 한다. 카드 시스템에서는 카드 소지자가 지급 거절이라는 기능으로 결제를 되돌릴 수 있어 거래가 정지되고 카드 발급인이 카드 소지자의 금융 이익을 보호해준다.

페이팔의 개인 간 결제 서비스

몇십 년 전부터 결제 산업은 중요한 변화를 겪고 있다. 1990년 대에 일상에 깊숙이 파고든 인터넷은 개인 간 거래를 가능하게 했다. 그런데 개인들끼리 카드로 결제할 방법이 없었다. 결제 산업은 일반인이 아닌 상인이 지불받는 것을 보조하는 산업이다. 지불카드는 20세기 중반에 등장했다.

당시에는 경제 주체가 구매자와 판매자로 명확하게 구별되었다. 그래서 지리적으로 흩어진 개인 간 커뮤니케이션 시스템과 인터넷 시대의 경제 환경을 고려하지 못했다. 일반인은 상인이 아니었고, 그래서 상인처럼 계약을 맺을 수 없었다. 일반인은 상업 계좌를 개설할 수 없었고, 사업자처럼 위험 평가를 받을 수 없었으며, 지불을 받기 위해 높은 수수료를 낸다는 개념에 익숙하지 않았다.

1990년대에 사람들이 서로 전자결제를 할 수 있도록 돕는 새로운 결제 서비스가 등장했다. 기존 인프라에 덧씌워진 것으로, 구기술과 신기술을 연결한 기발한 시스템이었다. 개인에게 전자결제 서비스를 최초로 제공한 업체이자 지금까지도 가장 성공적인 업체는 페이팔이다. 페이팔은 온라인 환경에 맞는 개인 간 결제 서비스를 제공했다. 온라인 환경에서는 상인과 카드 소지자가 명확하게 구별되지 않는다. 때로는 구매자가 되고 때로는 판매자가 되는 동등한 사용자들이 존재한다. 결제 산업에서는 페이팔과 같은 중개업체를 결제 서비스 제공업자, 즉 PSPPayment Service Provider라고 부른다.

고객을 확보하고 수익을 올리기 위해 페이팔은 기존 결제 시스템보다 낮은 가격에 서비스를 제공해야 했다. 전통적인 ISO 모델에서는 불가능한 일까지는 아니어도 매우 어려운 일이었다. 이미 자리 잡은 중개인들 사이에 끼어든 또 하나의 중개인밖에 될 수 없었다. 페이팔의 시스템이 혁신적인 것은 전통적인 시스템을 완벽하게 우회했기 때문이다. 1990년대에 페이팔이 시작한 결제 서비스에 대한 새로운 접근법은 위페이, 스퀘어, 벤모 등 테크 산업에서 파생한 PSP들이 여전히 주로 택하는 사업 모델이다.

페이팔은 돈이 폐쇄 루프 시스템에 최대한 오랫동안 머물게 해서 기존의 시스템을 우회한다. 한 사용자가 PSP를 통해 다른 사용자에게 지불하면 PSP는 그 전송 내역을 내부 장부에 기록하고 돈을 지불한 사용자의 계정에서 차감하고 돈을 지불받을 사용자의 계정에 가액加額한다. 이것을 장부 전송이라고 부른다. PSP로서는 돈이 PSP를 떠나는 일 없이 장부 전송으로만 돈이 오가는 상황이 가장 이상적이다. 이 경우에 PSP는 외부 시스템에 수수료를 지불하지 않으면서도 사용자에게 수수료를 청구할 수 있다. 또한 사용자의 계정에 묶인 채 체류하는 돈(유동자금)으로 이자를 벌 수 있다.

사용자가 계좌 이체나 신용카드 결제를 선택하면 PSP는 별도의 시스템을 통해 사용자의 예금계좌나 신용카드에서 자금을 출금해서 수신인의 예금계좌에 입금한다. 사용자가 예금계좌를 결제 수단으로 선택했다면, PSP는 일반적으로 은행 간 이체에 사용되는 자동어음교환소를 이용한다. 자동어음교환소를 활용하면 비자카드나 마스터카드 같은 카드 네트워크에 수수료를 내지 않아도 되므로 PSP는 사용자들이 예금계좌 이체를 선택하도록 유도한다.

사용자가 신용카드 결제를 선택하면 PSP는 ISO가 아닌 여러 소상공인을 대신해 업무를 처리하는 상인의 자격으로 결제를 한다. 업계에서는 이런 상인을 두고 '마스터 상인' 역할을 한다고 표현한다. 대표적인 마스터 상인인 창고형 마트처럼 PSP는 네트워크·처리업자·은행과 직접 협상해서 대규모 거래에 맞는 맞춤형 수수료를 제안받는다. 중간업자를 거의 다 쳐내고 스스로 중심 중개인 역할을 하는 것이다. 고객이 신용카드 결제를 선택하면 PSP는 수수료를 고객에게 전가한다.

PSP는 흔히 시장 거래를 보조하는 플랫폼 내에 편입되어 있다. 예를 들어 페이팔은 설립 이후 최근까지도 이베이eBay의 조력자 역할을 했다. 여러 환경에서 페이팔을 결제 수단으로 사용할 수 있지만, 초창기에 페이팔의 주요 기능은 이베이 경제의 동력이 되는 것이었다. 전통적인 ISO 모델에서는 발급인이 카드 소지자의 이익을 대변하고 은행이 상인의 이익을 대변한다. 플랫폼 모델에서 PSP의 진짜 고객은 거래의 양 당사자 중 한 명이 아닌 플랫폼이다.

원래 PSP는 은행과 계약할 수 없는 사람들이 다른 사람에게 지불을 받을 수 있는 방법으로 기획되었다. 실리콘밸리는 오늘날 비효율적이고 한물간 사업 모델로 여겨지는 전통적인 ISO 모델을 파괴하고 혁신해야 할 대상으로 삼았다. 전통적인 ISO 모델은 스타트업에 상인조차 빠른 속도로 빼앗기고 있다. 이들 결제 플랫폼은 PSP처럼 기능할 수도 있고, 대형 은행의 ISO로 등록되어 있을 수도 있다. 상인에게는 포인트 적립, 분석 자료, 장부 작성 등 다양한 부가서비스를 제공한다.

꽤 오랫동안 ISO는 중소 상인이 카드 결제를 할 수 있는 유일한 통로였다. 중간업자가 대개 그렇듯이 ISO도 상인들 사이에서 환영받지 않았으며 바가지를 씌워서 가격만 올린다고 비난받기 일쑤다. 오늘날, 적어도 동네에 있는 작은 카페들은 결제 서비스를 제공하는 스타트업과 계약을 한다. 그들은 카페에 소프트웨어, 카드 리더기, 세련된 회전 거치대를 장착한 태블릿을 제공하고 있다.

●

위험을 사고팔다

전통적인 ISO 모델에서 플랫폼 모델로 전환하는 것과 함께 위험 관리 방식에도 중요한 변화가 생겼다. 바로 '위험 업무'라고 부르는 것의 변화다. 위험 업무는 위험을 평가하고 관리하는 일상적이고 평범한 관행들을 가리키는 용어다. 이런 위험 업무의 변화야말로 이든 알렉산더와 지나치게 솔직한 벤모 메모를 다는 대학생 등이 지불을 받지 못하는 일이 벌어지는 원인이다. 결제 업무는 곧 위험 관리 업무이고 위험 관리 업무는 정치 행위의 일종이다.

전통적인 거래 시스템에서는 위험을 사고팔 수 있는 시장이 존재한다. 고위험 전문 ISO 업체가 요구하는 수수료를 받아들이는 한 상인은 결제 서비스를 제공받을 수 있다. 새로운 결제 스타트업은 시장이 아닌 테크 산업 플랫폼의 관행에 따라 위험을 관리한다. 다른 유형의 소셜미디어와 마찬가지로 결제 시스템에서 하는 모든 활동이 서비스 약관 규정의 통제를 받는다.

일반적으로 상인과 협상을 통해 맞춤 계약서를 작성하는 전통적인 ISO 모델과 달리 플랫폼 모델에서는 PSP와 사용자가 서비스 제공업자와 관계를 맺지 않는다. 그 대신 모든 사용자는 계정을 만들 때 동의하고 언제든 수정될 수 있는 서비스 약관 규정의 적용을 받는다.

플랫폼 모델에서는 시장에서 고위험으로 분류되는 거래가 무조건 금지된다. PSP가 은행과 계약하므로 최대한 낮은 수수료를 제안 받기 위해서 PSP는 자신과 상인들이 지불 거절 위험이 낮은 거래에만 관여하겠다고 약속한다. 규제 기관과 은행업계에서는 아주 오래전부터 위험도로 업종을 분류한 목록이 존재한다. 그 목록에서는 공유 별장 지분 판매, 가정에서 진행하는 모금 활동, 대체의학 치료제 판매 등을 고위험군 거래로 분류한다.

대부분의 결제 스타트업은 이 목록을 가져다가 그대로 서비스 약관 규정에 금지되는 거래 행위로 명시한다. 전통적인 모델에서는 은행이 개별 맞춤 계약서를 작성하고 어떤 식으로든 상인과 직접 관계를 맺었다면, 플랫폼 모델에서는 서비스 약관 규정을 들어 거래를 하지 않는다.

다른 소셜미디어 플랫폼처럼 개인 간 결제 시스템은 감찰과 자동화를 통해 서비스 약관 규정 준수를 강제하고 위험 관리 업무를 수행한다. 고위험군으로 분류되는 거래 행위를 금지하는 것 외에도 금지된 거래 행위가 이루어지는 현장을 잡아내기 위해 머신러닝으로 지불받는 사람의 소셜미디어 활동을 감시하는 빈도가 높아지고 있다.

일반인이 아닌 상인을 염두에 두고 설계된 PSP도 서비스 약관 규정의 적용을 받는다. 상인은 직접 ISO와 계약을 맺고 지급 거절 위험과 같은 요인에 따라 달라지는 수수료를 내는 대신 PSP의 서비스 약관 규정에 동의하고 고정된 수수료를 낸다. 예를 들어 전통적인 모델에서 사랑의 묘약을 파는 상인이 ISO와 계약을 맺었다면, 소비자가 사랑의 묘약이 효과가 없다면서 지급 거절을 요청할 위험이 높으므로 높은 수수료가 부과된다. 플랫폼 모델에서는 서비스 약관 규정에 의해 사랑의 묘약 판매 행위 자체가 금지된다. 실제로 스퀘어는 초자연적인 재료로 만든 상품을 명시적으로 금지한다.

●

위험을 완전히 봉쇄하는 방법

이든 알렉산더 사건이 발생하기 1년 전인 2013년에 위페이는 인공지능 사회 위험 검색 엔진 베다Veda를 출시했다. 베다는 사용자에게 이름, 성, 사업자명, 이메일 주소, 전화번호 등의 정보를 입력하게 한다. 그리고 이 정보로 자사에 등록된 시스템을 통해 페이스북, 트위터, 옐프Yelp* 같은 SNS에서 추가 정보를 캐낸다. 그런 다음 베다는 '사회적 신호'를 분석해서 위험을 측정하고 위페이가 그 사용자에게 결제 서비스를 제공해도 되는지 판단한다. 위페이의 공동설립자 빌 클레리코는 "베다의 인공지능 뇌는 위험을 평가하는 새롭고도 한층더 영리한 방법이다"라고 말했다. 위페이는 정교한 머신러닝 알고리즘을 적용하는 베다를 통해 '사기 위험 완전 봉쇄'를 약속한다.

실질적으로는 위페이가 소셜미디어 데이터를 채굴해서 금지된 고위험 행위의 단서를 찾아내 서비스 약관 규정 위반 행위를 더 많이 적발하겠다고 약속하는 것처럼 보인다. 대부분의 PSP처럼 위페이는 결제 서비스업체 밴티브Vantiv와 계약을 맺을 때 저위험 거래를 보증하는 혁신적인 방법으로 베

● 세계 최대 규모의 리뷰 사이트이며, 2004년 서비스를 시작한 이래로 전 세계 25개국에서 서비스를 제공하고 있다.

다를 제시했고, 그 덕분에 낮은 수수료를 책정받을 수 있었을 것이다. 그리고 그 수수료마저도 소셜미디어 플랫폼 고객에게 전가했을 것이다. 위페이의 서비스 약관 규정은 금지 행위 목록을 더 철저하게 받아들였고, 그런 방침은 당연히 벤처 투자자들의 마음에 들었을 것이다.

전통적인 결제 산업 내에서는 고위험군 선호 은행이 제공하는 중요한 서비스가 무엇인지에 대한 명확한 합의가 존재한다. 1971년에 설립된 밴티브는 거래 은행 처리업자 중 가장 크고 오래된 업체다. 고위험군 상인을 포함해 수많은 업종을 취급하는 ISO와 거래한다. 엄밀히 말해 위페이는 밴티브의 방침을 비난하기보다는 밴티브가 위페이와 협상을 통해 맺은 특정 계약 내용을 설명했어야 했다. 위페이가 지급 거절과 사기의 위험이 낮을 것이라고 보증한 덕분에 그런 계약을 맺을 수 있었기 때문이다.

감찰이 단순히 관찰하고 기록하면서 힘을 얻는 것이 아니라 감찰 대상을 파악하고 분류하고 평가하면서 힘을 얻는다. 따라서 감찰은 사회 분류의 일종이다. 플랫폼 결제 서비스업자는 형사 시스템의 감찰 조직처럼 움직인다. 정보를 수집해서 테러리즘, 범죄, 서비스 약관 규정 위배 행위 같은 위험을 기준으로 개인을 파악하고 분류한다. 결제 시스템은 새로운 방식으로 보는 법을 배웠고 우리에게도 스스로 그런 방식으로 보도록 가르친다. 실제로 위페이는 PSP 스타트업 선두 업체 중 하나였다.

이론적으로는 테크 산업은 ISO처럼 다양한 위기에서 수익을 올릴 수 있는 시스템을 개발하고 싶어 해야 한다. 윙가Wonga, 렌도Lenddo, 렌드업Lendup 같은 온라인 대부업체는 비록 높은 이율과 수수료를 요구하겠지만, 페이스북 친구 목록부터 검색 이력까지 반영한 수천 개의 데이터 점수에 근거해 고위험군으로 분류된 사람에게도 대출을 해준다.

최근 몇 년간 은행업계는 명확하게 구별되는 위험 범주를 사용하는 대신 확률적 방법론과 감찰을 통해 위험을 관리하는 방식으로 옮겨가는 추세다. 대부분 소셜미디어 플랫폼은 고위험 거래를 무조건 금지하는 방식으로 위험을 관리하지만, 지금은 데이터 수집과 머신러닝으로 위험을 포착하고 통제하는 방식을 채택하는 플랫폼도 점차 늘고 있다. 그러나 금지 활동 목록을 적용하지 않는다고 해서 계정 정지 사례가 줄거나 그 과정이 더 투명해진 것은 아니다. 실제로 개인 간 결제 선두 업체의 서비스를 이용하다가 불시에 지불을 받지 못하게 된 사례는 무수히 많다. 사용자들은 자선 모금 활동을 하거나 플랫폼을 이용하지 않고 크라우드펀딩 캠페인을 벌이거나 비정상적으로 큰 금액을 받았을 때 계정이 정지되고, 지불받지 못하는 경험을 한다.

●

사기가 멈추지 않는 세상

결제 산업이 위험 관리 업무를 수행하면서 명확하게 구별되는 위험 범주에 점점 덜 의존하는 경향은 테크 산업에서 예측 분석이 주목받기 시작한 시기에 나타났다. 위페이는 반反페이팔과 월스트리트 시위의 비공식 결제 시스템으로 출발했지만, 어느 순간 돌변해 사기가 멈추지 않는 세상에서 움직이는 목표물을 저격하는 인공지능 사회 위험 검색 엔진을 제공하고 있다. 예측 분석 시스템은 본질적으로 늘 실험 중인 상태일 수밖에 없다. 결제 거절 위험, KYC 위반 위험 등 피하고자

하는 위험과 관련이 있는 새로운 특성을 찾아내고 그런 위험과 관련이 없는 특성은 무시하도록 늘 재교육받는다.

예컨대 거래 메모에서 '쿠바'라는 단어를 발견한 벤모는 그 계정을 정지하면서 해당 이용자에게 미국 재무부 산하 해외자산통제국OFAC의 규정을 위반했으니 이를 해명하라고 통보한다. 이론적으로는 사용자가 럼앤코크 칵테일을 마시거나 햄 샌드위치를 먹거나 영화 〈더티 댄싱: 하바나 나이트〉 관람 등의 거래 내역을 게시할 때마다 시스템은 경보를 울리지 않아도 되는 사례가 무엇인지 학습한다. 언젠가는 벤모의 예측 분석이 진짜 위반 행위만 완벽하게 가려내고 가짜 양성 반응이 나오지 않게 되기를 바라는 수밖에 없다.

이런 계정 정지 사례를 단순한 실수로 취급해서는 안 된다. 이들 사례는 머신러닝이 무엇이며 어떤 방식으로 작동하는지를 보여준다. 예측 분석 시스템은 테크 산업의 산물이 대부분 그렇듯이 영속적인 베타 버전으로 존재하는 것이 허용된다. 영속적인 베타 버전이란 제품을 완성하는 대신 가능성을 열어둔 채 매달, 매주, 심지어 매일 새로운 기능을 개발하고 업데이트하는 것을 의미한다.

고위험 거래 활동의 일부는 이제 명시적으로 금지되지는 않는다. 그러나 그만큼 사용자가 어떤 거래와 활동이 서비스 중단으로 이어질지 알기 어려워졌다는 점에서 더 큰 불안을 야기한다. 관건은 사용자가 영속적인 베타 버전을 얼마나 오랫동안 기꺼이 감내할 것인지다. 영속적인 베타 버전은 머신러닝에는 적합하지만 사람에게는 그다지 바람직하지 않은 수많은 상황을 만들어낸다.

위험 관리 시스템의 실험적인 성격이 강해질수록 그 시스템을 이해하기가 더 힘들어진다. 빌 클레리코는 베다의 머신러닝 능력을 신용 평가에 비유했다. "전통적인 신용 점수는 개인 신용의 한 면만 보여준다. 그러나 우리는 온라인 프로필 덕분에 검증된 소셜 데이터의 이력을 토대로 더 정확한 '위페이 신용 점수'를 사용자에게 부여한다." 표면적으로는 '위페이 신용 점수'는 전통적인 신용 점수와 크게 달라 보이지 않는다. 두 점수 모두 데이터를 활용한다. 다만 위페이가 더 많고 다양한 종류의 데이터를 활용할 뿐이다.

두 점수는 지불받을 자격을 결정하는 데 어떤 식으로 관여하는가 하는 측면에서도 유사하다. ISO는 전통적인 신용 점수를 참고해 상인에게 제공하는 결제 서비스의 가격을 결정한다. 그러나 다시 한번 강조하지만 두 점수의 가장 중요한 차이점은 불투명성과 수정 가능성 유무다. 1970년에 제정된 공정신용보고법은 미국인의 경제적 삶에 대한 결정을 내릴 때 비밀 자료를 참고하는 것을 금지하고 미국인이 그런 자료를 열람하고 반박할 권리를 부여했다. 소셜미디어 예측 분석 시스템에는 그런 규제가 적용되지 않는다.

●

인종차별적인 거래는 어떻게 분류되는가?

2014년 미국 미주리주 퍼거슨의 경찰 대런 윌슨Darren Wilson 이 무장하지 않은 10대 소년 마이클 브라운Michael Brown에 게 총을 발사해 치명상을 입히는 사건이 발생했다. 그 직후 위페이와 제휴한 크라우드펀딩 사이트 고펀드미GoFundMe 가 윌슨을 후원하는 모금 활동을 주관했다. 많은 사람이 고펀 드미와 위페이가 자사의 서비스 약관 규정, 그중에서도 특히 '혐오, 폭력, 인종차별, 범죄로 수익을 올리는 행위'를 금지한다는 규정을 위배했다고 비난했다. 이 캠페인의 지지자들은 다음과 같은 글을 올렸다. "당신은 훈장을 받아 마땅해요. 배심원 앞에서 단죄받을 이유가 없어요." 이 캠페인은 최종적으로 50만 달러를 모금했다.

대런 윌슨을 지지하는 모금 활동은 유지하고 이든 알렉산더를 지지하는 모금 활동은 폐쇄한 데에는 나름의 이유가 있었을 것이다. 결제 플랫폼을 이용하는 일반 사용자에게는 잘 보이지 않고 잘 이해되지도 않는 이유가 있었을 것이다. 어쨌거나 윌슨에게 기부하는 사람에게 인종차별적인 영상을 제공하겠다고 나선 이도 없고, 적어도 이 캠페인을 진행한 사람들이나 윌슨 자신이 그런 제안을 리트윗한 적이 없었다는 것은 사실이니까. 위페이는 이 캠페인에 인종차별적 언어를 사용해 작성한 댓글에 대한 우려의 목소리에는 답하지 않았다. 다만 고펀드미는 윌슨 후원 모금 활동을 둘러싼 잘못된 정보를 바로잡고 자사의 입장을 변호하는 글을 올렸다.

윌슨 후원 모금 활동과 관련해서 소셜미디어에 인종차별과 혐오 발언을 하는 사람이 많이 있었고, 심지어 고펀드미에도 그런 댓글이 작성되었지만, 운영진에게 다른 사람들의 행동에 대한 책임을 물을 수 없다는 것이었다. 더 나아가 운영진은 다른 사람들이 올린 불쾌한 댓글에 대해 거듭 사과했고, 그런 댓글을 일일이 삭제했다.

위페이는 어떤 온라인 행동이 거래에 영향을 미치고 서비스 약관 규정에 위배되는지 나름 아주 세심하게 경계하고 있는 것처럼 보인다. 알렉산더의 계정 폐쇄 이후 쏟아진 비난에 위페이는 "위페이 서비스를 이용하면서 서비스 약관 규정을 잘 준수하는 다른 성인물 종사자와는 아무런 문제없이 작업했다"라고 주장했다. 인종차별주의자가 인종차별적 목적을 위해 크라우드펀딩을 진행할 수는 있을 것이다. 그런데 그런 모금 활동은 정확하게 언제 인종차별적인 거래로 분류되는 걸까?

최근 인종차별 단체는 더 대담해졌고 누가 보아도 인종차별적인 목적을 위해 돈을 모금하기 시작했다. 많은 단체가 그 과정에서 PSP가 자신들의 모금 활동에 결제 서비스를 제공하기를 꺼린다는 것을 알게 되었다. 헤이트리온Hatreon(크라우드펀딩 사이트 페이트리온Patreon과 혐오Hate라는 단어의 합성어)은 극보수주의자를 위한 크라우드펀딩 사이트다. 2017년

이 사이트가 사람들에게 주목받기 전에 비자카드와 마스터카드 등 카드 네트워크가 헤이트리온을 폐쇄했다. 인종차별 지지 단체는 결제 서비스를 제공받을 길이 막히자 비트코인을 이용하기 시작했다.

인터넷학자 탈턴 길레스피Tarleton Gillespie가 지적한 대로 온갖 유형의 플랫폼이 무엇이 허용되고 허용되지 않는지, 무엇이 서비스 약관 규정에 위배되고 위배되지 않는지 끊임없이 판단하고 겉으로 보기에는 전혀 일관성이 없는 결정을 내린다. 플랫폼들이 그리는 경계선은 어지럽고 모순된다. 인종차별주의자와 인터넷에서 혐오를 조장하고 선동하는 사람들은 규칙을 어기지 않으면서도 그런 경계선을 아슬아슬하게 타는 법을 귀신 같이 알아낸다. 또한 대안 시스템에 언제, 어떻게 접근해야 하는지를 잘 안다.

서비스 약관 규정을 지키지 않으면 어떤 일이 벌어질까? 전통적인 모델에서 상인은 은행이나 ISO의 고객이다. 그러나 플랫폼 결제 시스템에서는 사용자가 시스템의 조치에 반박하거나 시스템의 실수를 바로잡을 수 있는 방법이 거의 없다. 플랫폼 결제 시스템이 다른 소셜미디어 서비스보다는 불만을 제기할 수 있는 통로를 많이 제공하지만, 그런 통로는 대개 미로처럼 얽혀 있고 비효율적이어서 사용자는 그저 순응하고 기다리는 수밖에 없다.

●

왜 현금으로 거래하는가?

돈의 테크놀로지는 오래전부터 더 포괄적인 커뮤니케이션 테크놀로지와 나란히 존재했다. 그리고 그런 테크놀로지는 공유된 지역, 시간, 경험을 만들어냈다. 지폐는 여느 인쇄 미디어와 마찬가지로 민족국가라는 '상상의 공동체'의 후원을 받아 사람들을 하나로 모으는 역할을 했다. 급행으로 배송되는 화폐를 비롯한 기타 가치 전송 미디어가 일반 우편과 함께 멀리 떨어진 지역을 하나의 경제 공동체로 묶었다. 20세기 중반에는 지불카드가 전신, 고속도로, 자가용, 비행기 여행 등으로 이루어진 통신 기술 생태계의 일부가 되었다.

오늘날 사람들은 전자 통신 기술 덕분에 아주 멀리 떨어진 대상과도 매우 빠른 속도로 커뮤니케이션을 한다. 인터넷 접근권은 적어도 국제연합에 따르면 인권이다. 그러나 인터넷과 같은 속도와 규모로 움직이는 결제 시스템에 대한 접근권은 어떠한가? 우리의 경제는 우리의 커뮤니케이션 세계와 마찬가지로 디지털화되었다. 우리는 친구에게 문자 메시지를 받고, 벤모로 월세를 내는 게 당연하다고 생각한다. 다른 지역에 사는 친구, 가족, 고용주에게 당연히 지불받을 수 있이야 한다고 생각한다. 결제 시스템이 제 기능을 다했다고 인정받으려면 안정적인 접근권을 제공하는 것을 넘어서 우리가 속한 거래 공동체의 커뮤니케이션 환경에도 적합해야 한다.

많은 사람이 현금으로 거래를 한다. 세금을 내지 않으려고 현금으로 받는다고들 말하지만 자신이 선택할 수 있는, 그 자체로 정산이 완료되고 즉각적이고 안정성이 보장되는 유일한 결제 시스템을 이용하는 것뿐일 수도 있다. 현금은 인프라에 의해 정지되거나 사라지거나 환급되는 일이 없다. 가증권이나 월마트 쿠폰이나 아마존 상품권과 달리 현금은 모든 공적·사적 부채에 적용되는 법정 통화인 달러로 인쇄된다. 현금은 1963년에 다이너스클럽의 매티 시몬스가 말한 대로 빠르게 움직이는 세상의 속도에 맞출 수 없어서 충분히 현대적이지 않을 수 있다. 그러나 현금은 여전히 사용된다. 그리고 일반적으로 누구나 사용할 수 있다.

빠르게 움직이는 세상의 속도에 맞출 수 있고, 실제로 모든 사람이 사용할 수 있는 결제 시스템을 개발하려는 시도가 오히려 지불받는 일을 더 복잡하게 만들기도 한다. 1990년대 이후 결제 산업 전문가들은 사람들이 디지털로 지불받을 수 있는 방법을 꿈꾸고 개발했다. 그러나 아직도 모든 사람을 위해, 언제나 제대로 작동하는 결제 시스템을 찾지 못했다. 미래를 위한 새로운 결제 시스템을 개발하고 싶다면 현재 현금이 제대로 해내고 있는 모든 것을 해낼 수 있는 방법을 고민해야 한다.

돈과
빅데이터

●

나는 전 남친이 한 일을 알고 있다

2017년 『뉴요커』에 올리비아 드리카Olivia De Recat의 만화가 실렸다. 그는 벤모 거래 내역 몇 개를 손으로 그려가며 죽 나열한 다음 각 거래 내역이 무엇을 의미하는지 일일이 주석을 달았다. 현재 미국에서 가장 널리 이용되는 개인 간 결제 앱인 벤모를 통하면 개인도 친구에게 직접 돈을 지불할 수 있다. 벤모는 밀레니얼 세대 사이에서 유독 큰 인기를 끌고 있다. 밀레니얼 세대는 룸메이트들끼리 매달 발생하는 경비를 나누거나 식당에서 여러 명이 함께 식사했는데 웨이터가 한 명씩 음식값을 계산하는 것을 난감해할 때 벤모로 각자의 몫을 낸다.

벤모로 친구에게 돈을 보낼 수 있을 뿐만 아니라 청구할 수도 있다. 거래 내역의 '소셜 피드'도 제공한다. 누군가 다른 사람에게 돈을 지불하면, 그 거래 내역이 두 사람의 친구들에게 공개된다. 페이스북의 뉴스 피드News Feed나 트위터의 스트림을 떠올리면 된다. 벤모 사용자는 벤모가 제공하는 양식에 따라 거래할 때마다 메모를 달아야 한다.

드리카의 만화에 등장하는 첫 거래 내역은 꽤 평범하다. "수전이 킴에게 돈을 보낸다"(전구와 전기 코드 이모티콘)에 드리카의 주석이 붙는다. "수전이 자기 몫의 전기요금을 낸다." 그러다 가슴 아픈 사적인 이야기가 시작된다. 당신의 전 남친(만화에서는 독자에게 직접 말을 건다)의 거래 내역이 등장하고 당신은 못 본 척 그냥 넘어갈 수가 없다. 이모티콘이 붙은 거래 내역이 나열되고 당신은 전 남친이 죽도록 밉다고 말한 직장 동료와 술을 마신 것을 본다. 전 남친이 룸메이트에게 아주 적은 액수의 돈을 굳이 갚겠다고 고집을 부리면서 대인배인 척하는 것도 본다. 전 남친이 당신의 지인이기도 한 친구와 커피를 마신 것을 보면서 십중팔구 둘이서 당신이 얼마나 힘들어하는지에 대해 이야기했을 것이라고 짐작한다.

그러다 당신은 결국 보고 만다. 클로이가 전 남친에게 돈을 보내면서 초밥과 웃는 얼굴 이모티콘을 달았다. 이보다 명확한 증거도 없다. "당신의 전 남친이 클로이라는 여자와 사귀고 있다." 당신은 클로이의 벤모 피드를 클릭한다. 클로이는 전 남친에게 가수 존 메이어John Mayer의 콘서트 푯값을 지불했다. 당신이 생일선물로 준 표로 전 남친이 클로이와 콘서트에 간 것이다.

그런데 클로이가 당신이 관심 있는 것들에 돈을 쓰고 있다. 클로이는 친구에게 브로드뮤지엄에서 열리는 팝 아티스트로이 리히텐슈타인Roy Lichtenstein의 전시회 푯값을 지불했다. 당신도 가봐야겠다고 생각한 전시회다. 클로이는 오스틴에게 '시 낭독회 참가비'를 지불했다. 당신은 생각한다. '이번 주말에 하는 팝업 쇼에서 자연스럽게 만날 수 있지 않을까?'

물론 당신은 클로이와 아주 자연스럽게 만난다. 요즘은 당신이 클로이에게 돈을 보내고 있다(야자나무와 햇살 이모티콘).

함께 바닷가에 놀러가서 전 남친 발이 얼마나 괴상한지, 전 남친이 설거지를 얼마나 대충하는지, 전 남친과 그의 여동생이 얼마나 비정상적인 관계를 유지하고 있는지 이야기를 나누었기 때문이다. 당신의 전 남친은 파이퍼라는 여자에게서 돈을 받는다(햄버거와 하트 이모티콘). 당신은 그것이 무엇을 의미하는지 안다. 마침내 만화는 종착점이자 출발점에 도달한다. "클로이가 당신에게 돈을 보낸다."(전구와 전기 코드 이모티콘) 그리고 설명이 붙는다. "클로이가 자기 몫의 전기요금을 낸다."

연인과 헤어지고, 새로운 친구를 사귀고, 새로운 아파트로 이사하고……. 벤모는 스크랩북이다. 영수증과 이야기로 가득 채워진 상자다. 벤모 피드를 역순으로 훑으면 수천 개의 기억이 드러난다. 우스꽝스러운 기억도, 부끄러운 기억도, 소중한 기억도 모두 드러난다. 마르셀 프루스트Marcel Proust의 『잃어버린 시간을 찾아서』에서는 주인공이 차에 적신 마들렌을 조금씩 베어 먹으면서 자신의 과거로 여행을 떠난다. 그 향수는 엄청난 분량의 장편소설이 된다. 이 소설은 기억에 관한 명상으로 채워진다. 지금은 아마도 차에 적신 마들렌 대신 벤모 거래 내역이 '프루스트의 소설 같은 순간'을 불러일으킬 것이다. "레오니 이모에게 스타벅스 커피값을 갚는다." 마침 스타벅스에서 마들렌과 차를 판매한다. 아쉽게도 벤모에는 마들렌 이모티콘이 없지만.

벤모가 기억의 테크놀로지라는 것만은 확실하다. 디지털 화폐는 거래의 구체적인 사항을 보존하고 우리의 지리적 이동을 기록하고 우리의 취향과 습관을 추론하는 능력이 있다. 영국의 사회학자 나이절 도드는 "기억의 테크놀로지가 기업과 국가의 통제를 받는 한 기억을 보조하는 장비는 정치적·상업적 감찰을 보조하는 도구이기도 하다는 비판에서 자유로울 수 없다"라고 말한다. 한때는 사적 영역에 속했던 거래 내역이 게시물이 되어 친구와 적, 국가와 기업의 감찰 대상이 되면 어떤 일이 벌어질까?

●

온라인 프라이버시의 최후

벤모가 기록하는 기억은 당신만이 관심을 가질 법한 기억처럼 보인다. 당신의 시시콜콜한 일상일 뿐이니까. 소셜미디어

비평가들이 자주 조롱거리로 삼는 일상의 과잉 공유이며, 오히려 그 정도가 더 심하다고 할 수 있다. 점심으로 무엇을 먹었는지 트윗하는 사람은 잘 없어도 벤모를 하는 사람은 있다. 벤모는 실질적으로는 사적 기억을 공적이고 연결된 기억, 즉 일종의 소셜미디어로 변환한다. 벤모는 단순히 돈을 지불한 사람과 지불받은 사람을 일대일로 연결하는 데 그치지 않는다. 거래를 시각화하고 소셜 스트림으로 변환해 우리가 다른 사람의 일상을 직접 보고 느끼게 한다.

예를 들어 2014년 테크놀로지·문화 팟캐스트 〈리플라이 올Reply All〉의 한 에피소드에서 키아라 아틱Chiara Atik은 벤모가 공개하는 다른 사람의 거래 내역을 들여다보면서 얻는 저속한 즐거움에 대해 이야기한다. 아틱은 지인인 멜라니의 거래 내역이 흥미진진해서 눈을 뗄 수가 없었다고 말한다. 처음에는 멜라니가 오랫동안 동거한 연인에게 샹들리에와 소파 등 물건값을 청구했다. 연인과 꽤 살벌하게 헤어지는 과정에서 소유물을 나누고 있는 듯했다.

그러다 '친구들끼리 피자 먹는 밤'이라는 명목으로 친구들에게 돈을 청구하고 지불하는 등 이별의 아픔을 잊으려고 노력하는 것처럼 보였다. 그런 거래 내역은 점차 '택시, 저녁, 술' 같은 데이트 비용으로 바뀌었다. 마침내 멜라니가 새로운 연애를 시작한 것 같았다. 주말여행을 표시하는 비행기 이모티콘을 보았기 때문이다. 이것은 드리카의 만화처럼 아주 흔해 빠진 이야기다. 다만 결정적인 차이가 있는데, 아틱이 자신의 이야기를 하는 게 아니라는 점이다. 이제는 이런 이야기에 구경꾼, 즉 3인칭 화자가 생긴 것이다.

최근 몇 년간 벤모를 둘러싸고 소소한 도덕적 패닉이 목격되고 있다. 벤모가 돈을 끌어들이는 바람에 인간관계가 더 옹졸해지고 계산적이 되었다고 비난하는 글이 꾸준히 등장하고 있다. 이런 글들은 친구들이 자신만 쏙 빼놓고 즐거운 시간을 보내고 있다는 확신에 차서 친구의 거래 내역을 샅샅이 훑어보는 사람들이 포모증후군FOMO Syndrome•에 시달리고 있다고 주장한다. 또한 벤모가 현대인의 관음적 성향과 소셜미디

• 일종의 군중심리로 남들이 다 하는데 자신만 빠지면 안 된다는 두려운 심리로 고립공포증후군이라고 한다. 포모FOMO는 'Fear Of Missing Out'의 약자다.

어 중독 현상을 보여주는 사례라면서 벤모 사용자들을 나무란다.

그런데도 사람들은 벤모를 정말 좋아하는 것 같다. 벤모의 인기 비결은 단연 벤모의 '소셜 피드'다. 2018년 미국의 문화 잡지 『바이스Vice』가 운영하는 IT·테크 분야 웹진 '마더보드 Motherboard'에 기고한 서맨사 콜Samantha Cole은 이렇게 말한다. "벤모는 점점 침식당하고 있는 온라인 프라이버시의 최후를 향해 내디딘 다소 거북하고 경악스러운 작은 발걸음처럼 느껴진다. 물론 꽤 유쾌한 발걸음이긴 하지만."

사람들은 단순히 관음증에서 벗어나 벤모를 통해 다양한 의사소통을 하고 있다. 벤모 사용자는 친구에게 격려의 표시로 커피나 맥주를 한 잔 사 마실 수 있는 돈을 보내는 '페니로 콕 찌르기'를 한다. 벤모는 유명인사와 관계를 맺는 수단이 되기도 한다. TV 프로그램 〈배철러The Bachelor〉* 참가자인 베카 커프린Becca Kufrin의 팬들은 그녀가 탈락하자 위로의 의미로 와인 사 마실 돈을 보냈다. 또한 불만에 찬 미국인들이 백악관 대변인 숀 스파이서Sean Spicer를 벤모로 끈질기게 괴롭히기도 했다.

도널드 트럼프 대통령의 고문관이었던 켈리앤 콘웨이 Kellyanne Conway가 주요 이슬람 7개 국가의 국민이 미국에 입국하는 것을 금지하는 행정명령 조치를 정당화하려고 지어낸 '볼링 그린 대학살Bowling Green Massacre'**의 희생자에게 기부하라고 요청하는 식이었다. 꽤 오랫동안 외면당한 개인 간 결제가 벤모의 사용량 증가와 함께 되살아나고 있다. 2017년 핀테크 세미나에서 한 인사는 이렇게 말했다. "이모티콘을 더하고 트위터와 비슷하게 만들기만 하면 된다는 걸 누가 알았겠습니까?"

이 말은 개인 간 결제 테크놀로지가 소셜미디어가 될 방법을 찾아내야 했다는 것이고, 결국 벤모가 그 방법을 찾아낸 듯하다. IT · 테크 분야 언론들은 벤모가 "SNS의 차세대 주자"가 될 만반의 준비가 되어 있으며 "소셜미디어 앱이 결제

● 미혼 남성 한 명이 매주 여러 미혼 여성 참가자 중에서 최소 한 명씩 탈락시키다가 마지막까지 남은 두 여성 중 한 명에게 청혼하는 과정을 보여주는 리얼리티 쇼.
●● 2011년 미국 켄터키주 볼링 그린에서 이라크 난민으로 위장한 알카에다 조직원 두 명이 벌인 무차별 테러 사건으로 이 사건은 가짜 뉴스다.

앱이 되었다"라고 보도했다. 지난 5년간 구글, 애플, 페이스북, 인스타그램, 스냅챗을 비롯해 거의 모든 소셜미디어 플랫폼이 저마다 다른 야심을 품고 결제 서비스 도입을 추진했고 각기 다른 성과를 거두었다.

●

소셜미디어는 기억을 기록한다

결제는 아직 소셜미디어 플랫폼에 완벽하게 안착하지는 못했다. 적어도 지난 10년간 결제 분야의 혁신가들은 곧 그렇게 될 것이라고 주장했다. 그런데 그런 예측이 정확했음이 입증될 날이 그리 멀지 않아 보인다. 결제는 우리의 커뮤니케이션 세계에서 중요한 부분을 차지하며, 이를 통해 우리의 커뮤니케이션 세계는 우리의 거래 공동체와 긴밀하게 연결된다. 중국 전역에서 널리 쓰이는 '모든 것의 앱'인 위챗Wechat을 예로 들어보자. 위챗을 매일 사용하는 9억 명의 사용자는 인터넷으로 할 수 있는 모든 것을 위챗 플랫폼을 통해서 한다. 위챗으로 친구와 점심 약속을 잡고, 근처 식당을 검색하고, 예약을 하고, 주문을 하고, 음식값도 계산할 수 있다.

2017년 가장 규모가 크고 영향력이 막강한 핀테크 세미나에서 참가자들의 관심은 온통 위챗에 쏠려 있었다. 어느 기업이나 협력업체가 미국 시장에 위챗 같은 경험을 제공할 것인가? 물론 이런 전망에서 핵심은 결제 서비스다. 우리 삶에서 소셜미디어 의존도가 높아지면서 결제는 우리의 커뮤니케이션 생활을 완성하는 핵심 기능으로 자리 잡았다.

단순히 이모티콘만 더한다고 해서 소셜미디어가 될 수 있는 것이 아니다. 그보다는 소셜미디어 시스템의 밑바탕에 깔린 논리, 즉 사회관계를 설정하는 방식, 커뮤니케이션 흐름의 구조, 가치 배분 방식을 결제 수단에 적용해야만 한다. 소셜미디어와 돈은 둘 다 기억의 테크놀로지이며, '새로운 기억 생태계'의 일부다. 이메일을 쓰거나 친구와 셀카를 찍을 때 우리의 사적 기억은 데이터의 영역으로 편입된다. 우리의 개인 기록이 넘쳐날수록 우리는 언제 어떻게 과거와 마주치게 될지 모른다.

오늘날 우리는 대부분 우리의 기억을 소셜미디어에 믿고 맡긴다. 과거의 기록은 페이스북 같은 플랫폼에서 한데 뒤섞인 채 SNS를 떠돈다. 이런 식으로 개인 기억과 집단 기억의 경계가 모호해진다. 이런 환경 속에서는 끝이 보이지 않는 이미지, 영상, 댓글, 광고가 서로 포개진다. 이 타임라인을 훑어가다 보면 친밀한 순간과 개인적으로 중요한 순간부터 국제적으로 중대한 사안에 이르기까지 다양한 기억과 마주치게 된다. 소셜미디어에서 이루어지는 기억하기는 혼란스럽고 창피하고 계몽적이고 고통스러운 경험이 될 수 있다.

●

현금은 기억력이 나쁘다

돈은 기억의 테크놀로지기도 하다. 실제로 여러 분야의 학자들이 각기 다른 목적으로 같은 주장을 펼쳤다. 예를 들어 1998년 경제학자이자 미국 미니애폴리스 연방준비은행 총재를 역임한 나라야나 코처라코타Narayana Kocherlakota는 「돈은 기억이다」라는 간결한 제목의 논문을 발표했다. 그는 게임 이론을 활용해서 돈과 기억이 다양한 경제 환경에서 동일한 행동을 유도한다는 것을 보여주었다.

기억이 존재하는 환경에서는 이 기억이라는 가상 대차대조표를 통해 각 행위자의 거래 기록이 작성되고 유지된다. 돈이 존재하는 환경에서는 돈이 그런 대차대조표를 대신하는 실질적인 기록 매개체가 된다. 따라서 돈은 기억의 기능을 대신하는 기술 혁신이며, 사회가 돈이 없었다면 시행하지 못했을 공정한 분배를 시행할 수 있게 해준다. 이런 사고 실험을 한 뒤 그는 돈이 존재하는 진짜 이유는 과거를 기록하기 위해서라고 주장한다.

인류학자 키스 하트Keith Hart는 돈을 뜻하는 영어 머니money가 그리스 신화에 나오는 기억의 여신 므네모시네Mnemosyne를 로마식으로 표기한 모네타Moneta에서 유래했다는 사실에 주목한다. 그의 관점에서 보면 돈은 '기억 은행'이다. 가치에 관한 약속을 기억하고, 그 약속을 미래에 전달하고, 거래 공동체의 구성원들과 약속을 공유하는 방식이다. 요컨대 일종의 신용체계인 것이다.

그는 돈이 기본적으로 집단 기억의 도구이며, 우리가 나머지 인류와 맺는 교환 관계의 일부를 기록하는 방식이라고 주장한다. 돈은 언어와 마찬가지로 기억 인프라다. 돈은 인간의 교환 관계가 눈에 보이지 않게 새겨진 유통되는 기록이다.

두 학자가 설명하는 돈은 불완전하고 무정형인 상태로 유지된다. 돈이 기억하는 방식은 인간이 기억하는 방식과 반드시 같지는 않다. 돈은 일종의 외부 집단 기억 시스템을 보조하는 테크놀로지다. 현금은 손에서 손으로 건네지면서 순환한다. 18세기 영국에서는 돈처럼 생명이 없는 사물이 자신의 인생 이야기를 들려주는 대중 소설 장르가 있었다.

돈은 움직이도록 만들어졌고 움직이면서 기억을 수집한다. 이 과정을 거친 돈은 인류학자 빌 모러가 말한 '유통된 행위 흔적'을 지니게 된다. 요컨대 돈은 인간 행위의 시간·공간·가치가 어떤 식으로 연결되는지 그 지도를 그리고 기념비를 세우는 인류의 이야기를 기록한다.

그러나 그런 기억은 오직 돈이 특정 장소와 사람에게 모여들고 쌓이는 방식에서만 찾을 수 있다. 돈은 인간의 상호작용을 추적하지만, 그 상호작용의 역사와 기억의 흔적을 물리적으로 기록하지는 않는다. 1990년대 이후 사이퍼펑크족 cyberpunk族*은 온라인에서 현실 세계의 현금처럼 사생활을 보장하면서도 돈의 기능을 제대로 수행하는 디지털 화폐를 만드는 꿈을 꾸었다. 기억되지 않을 자유를 추구하는 사람들에게 디지털 화폐는 안성맞춤이었다.

그러나 모든 돈이 같은 방식으로 기억하는 것은 아니다. 어떤 테크놀로지는 인류학자 제인 가이어Jane Guyer가 말한 거래의 서사적 측면과 수학적 측면을 모두 기록하도록 설계된다. 인류학자 테일러 넬름스는 에콰도르의 비공식적 가족 은행 카하caja를 설명하면서 돈의 서사적 기록 능력과 그 서사를 추적하는 데 사용된 기록을 묘사한다. 카하의 핵심 역할은 가족 구성원들이 경제적으로 어려울 때 돕는 것이다. 그러나 다른 한편으로는 가족이 서로를 책임지면서 가족애로 똘똘 뭉치게 만든다.

가족 구성원들은 카하에 돈을 입금하고 송금한다. 가족의 신뢰를 받고 있는 구성원이 모든 거래 내역을 꼼꼼하게 기록한다. 그런 문서는 외부 기억 장치 역할을 한다. 때로는 근거

● 사이퍼펑크는 암호를 뜻하는 '사이퍼cipher'와 저항을 상징하는 '펑크punk'의 합성어로, 사이퍼펑크족은 대규모 감시와 검열에 맞서 자유를 지키기 위한 방안으로 강력한 암호 기술을 활용하는 사람들을 말한다.

자료가 되고 증거가 되기도 한다. 실행된 거래와 이체된 금액을 증언한다. 한 사람의 지위, 신용, 신뢰도를 눈에 보이게 전시해놓은 장부다. 장부는 탄생, 사망, 결혼에 대한 기록을 담은 가족의 앨범과도 같다. 가문의 수장 역할을 하는 여성이 거래를 기록하고 기억하면서 가족 구성원들 간에 결속력을 다진다.

테크놀로지학자 재런 러니어Jaron Lanier는 현금이 미래의 디지털 경제에서 공정성을 확보하기에는 "기억력이 너무 나쁘다"라고 말한다. 그 대신 그는 우리가 기억하고 거래한 상대방이 기억하는 걸 돕는 '경제 아바타'를 개발해야 한다고 주장한다. 많은 사람이 블록체인이 약속하는 꿈은 바로 더 잘 기억하는 돈일 거라고 예상한다. 사람들은 돈의 모든 유통된 행위 흔적을 기록한, 진정한 의미에서 유통된 장부이자 인간의 한계를 초월하는 영원한 장부, 모든 거래 내역을 완벽하게 기억하면서도 그 누구의 지배도 받지 않는 돈을 기다리고 있다.

회계가 프랑스혁명의 원인이었다

감상적이거나 정치적인 목적으로 거래를 일부러 기록하지 않는 경우에도 돈은 징표를 남긴다. 테일러 넬름스는 이렇게 말한다. "이른바 익명인 현금조차 돌아다니면서 흔적을 남긴다. 신용카드와 직불카드의 거래 내역은 통장에 새겨진다. 거래를 하면 현금인출기가 내뱉은 전표나 점원이 건네준 영수증이 남는다." 이런 징표조차 정치적이다.

미국의 문서학자 메리 푸비Mary Poovey는 근대 유럽 초기 이중장부의 등장과 표준화가 당시 사회적 분위기를 보여준다고 설명한다. 유럽인들은 장부라는 기록이 사실로 취급되는 것을 당연하게 여겼다. 또한 장부를 관리하는 사람은 정직하고 꼼꼼한 사람일 것이라는 신뢰를 받았다. 거래 행위를 회계장부라는 기록으로 변환하면 거래 현실은 구체적인 형태를 띠게 된다. 이를 통해 거래가 깔끔하게 정리되고 오류가 없는 것처럼 보이게 된다.

미국의 역사학자이자 회계학자 제이컵 솔Jacob Soll은 국가의 회계장부가 프랑스혁명의 원인이었다고 설명한다. 회계 장부를 마련하고 기록하고 관리하면 그런 회계에 대한 책임이 따르게 된다. 푸비와 솔은 회계 기록이 어떻게 사실과 증거로 취급되는지, 누가 회계 기록을 관리하고 열람할 수 있는지에 따라 사회관계가 다르게 설정된다고 지적한다.

벤모가 거래 내역을 대중에게 공개한다는 것이 이상하게 보일 수 있다. 실제로 빌 모러가 지적하듯이 한때 회계 기록은 그 자체로 사적이고 소중한 것으로 여겨졌다. 일기와 마찬가지로 거래 내역에는 사람들의 비밀이 담겨 있어 오직 가장과 그 가장이 신뢰하는 사람만이 볼 수 있었다. 이런 관행은 역사가 깊다. 벤모는 돈이 기억하는 방식을 규정하는 결제 테크놀로지에서 가장 최근에 등장한 후손일 뿐이다.

커뮤니케이션학자 리 험프리스Lee Humphreys는 사람들이 소셜미디어로 수행하는 일종의 기록을 미디어 회계 기록으로 표현한다. 우리는 그동안 스크랩북, 일기, 편지 등 다양한 미디어 형태를 이용해 회계 기록을 남겼다. 다른 사람과 미래 세대를 위해 우리의 주관적인 경험을 증거로 남기는 것이다. 금융 회계와 미디어 회계는 공통점이 많다. 둘 다 경험의 기록을 남기면서 그 경험을 수치화할 뿐 아니라 그것을 설명해서 보증한다.

미디어 회계라는 개념을 사용하면 돈이라는 미디어를 통한 회계 기록의 이면에 감춰진 보증 관행의 면면이 더 잘 드러난다. 예컨대, 기록이 어떤 식으로 기억을 사실로 변환하는지, 그런 기록의 열람권을 누가 행사할 수 있는지, 그런 변환 방식과 열람권의 행사로 사회관계가 어떻게 설정되는지 등과 같은 주제에 주목하게 된다. 이런 주제들은 금융 회계와 미디어 회계라는 2가지 유형의 개인 회계 기록의 역사에서 반복해서 등장한다.

결제 산업은 20세기 중반 이후 일련의 변화를 겪었다. 현대의 수표는 개인의 거래 내역을 규율했다. 초기의 외상카드는 이 기록을 고급 서비스로 변환했다. 직불카드는 기관의 회계 기록과 개인의 회계 기록 사이의 연결고리를 자동화했다. 비자카드와 마스터카드 같은 카드 네트워크의 등장으로 지불카드는 거래 데이터를 대량 생산했고, 그 데이터는 대체로 결제 인프라 운영의 참고자료로 이용되었다. 그런데 이제 그 거래 자체가 실리콘밸리의 투기 자본의 목표물이 되었다.

●

거래 데이터가 쌓이다

직불카드를 사용하면 자신의 금융 활동을 관리하기가 더 복잡해지는 측면도 있었다. 직불카드와 수표가 같은 계좌에 연동된 경우에는 장부를 기록하기가 더 까다로워졌다. 아주 성실하게 장부를 관리하는 사람에게도 은행과 상인이 부과하는 수수료를 일일이 기록하는 것은 쉽지 않았다. 상인, 네트워크, 은행에 따라 직불카드 사용에는 최대 2달러의 수수료가 더해졌다. 따라서 매달 말에는 그 수수료가 예상치 못한 큰 금액으로 불어나 있을 수도 있었다.

장부 관리가 까다롭지만, 미국에서 직불카드 발급 건수는 신용카드 발급 건수를 빠르게 추월했다. 직불카드 소지자는 수표를 점점 덜 쓰기 시작했다. 은행은 직불카드 소지자에게 뜻하지 않게 초과 인출 비용을 감당하는 일이 생기지 않도록 설계된 소액의 신용대출, 즉 초과 인출 보호 장치를 제공하기 시작했다. 그 덕분에 카드 소지자는 POS 단말기 앞에서 망신당하는 일을 피할 수 있었다. 그러나 비평가들은 초과 인출 보호 장치가 특히 젊은이들에게 비정상적으로 이율이 높은 대출에 기대도록 유혹한다고 주장했다. 다른 한편에서는 은행과 상인이 직불카드 소지자가 더 많이, 더 자유롭게 결제하게 된 것을 축하했다.

직불카드는 여전히 미국에서 가장 널리 쓰이는 결제 수단이지만, 이제 예금계좌 잔고를 기록하는 사람은 거의 없다. 물리적인 장부를 관리하는 사람은 더더욱 없다. 필요하다면 은행 웹사이트에서 잔고를 확인한다. 아무도 예금계좌 명의자가 자신의 거래 내역을 관리할 거라고 기대하지 않는다. 그 대신 은행의 기록을 믿고 따를 거라고 기대한다.

1970년대에 직불카드와 신용카드가 이용하는 비자카드나 마스터카드 같은 카드 네트워크의 등장과 함께 거래 시스템은 큰 변화를 겪었는데, 그 변화의 핵심은 규모의 변화였다. 결제 산업은 거래 데이터를 대량 생산하기 시작했다. 또 다른 핵심은 유형의 변화였다. 결제 산업이 생산한 데이터는 대부분 네트워크를 운영하는 데 참고자료로 사용되었다. 카드 네트워크는 지불카드로 결제할 때 자금의 이동 방향을 알리고 기록하는 표준화된 메시지를 전송하고 수신하는 시스템이다.

정해진 표준에 따라 기록을 연결하고 관리하는 시스템이자 거래를 커뮤니케이션 환경 내에서 하나로 묶는다.

결제 처리 과정에 관여하는 이런 다양한 이해당사자는 아주 오래전부터 거래 내역의 서로 다른 구성 요소에 대한 접근권을 지니고 있지만, 어느 누구도 자금의 흐름 전체를 조망할 수는 없었다. 지금까지도 유지되고 있는 이 전통적인 카드 모델에서 나는 내 명세서를 열람할 수 있고 내 거래 내역에 접근할 수 있으며 내 거래 내역을 다양한 방식으로 기록할 수 있다. 그러나 내가 지불하는 상대와 내게 지불하는 상대를 포함해 다른 당사자들의 거래 내역에 대해서는 아는 것이 거의 없다. 또한 나는 카드사와 상인 등 다른 당사자가 나에 대해 얼마나 아는지, 나에 관한 정보가 어떤 식으로 유통되는지에 대해서도 아는 것이 거의 없다.

역사적으로 결제 산업에 관여하는 다양한 행위자는 이 데이터를 위험 평가, 카드 연계 마케팅, 예측 분석 등 다양한 방식으로 활용하려고 노력했다. 미디어학자 조시 라우어가 지적하듯이 신용평가기관은 실제 거래 행위에서 신용 부여 기능을 추출한 최초의 데이터 중개인이다. 그런데 소셜 데이터의 잠재 가치를 어떻게든 실현하려는 소셜미디어는 거래 데이터가 지닌 가치의 내용 자체를 바꾸고 잠재 가치를 증폭했다. 실리콘밸리의 데이터 지침이 거래 데이터에 적용되자 거래 내역은 노다지로 탈바꿈했다. 적어도 거래 내역을 노다지로 만드는 것이 실리콘밸리의 목적인 것처럼 보인다.

●

거래 데이터는 사회 데이터가 되었다

완벽하게 소셜미디어가 된 결제는 결국 아주 좁은 의미에서 소셜미디어가 된다. 이 새로운 시스템은 맞춤 서비스를 약속하고 결제의 사회적 속성을 강조한다. 그러나 실리콘밸리에서 쓰는 의미로 사회적인 것이어서 다른 소셜미디어처럼 사용자의 데이터 수집을 전제로 한 사업 모델과 연결되어 있다. 실제로 결제의 소셜미디어화는 결제 산업에서 아직 실현되지 않은 더 큰 변화의 전조다. 앞으로 거래 수수료 중심 모델이 거래 데이터 중심 모델로 이동하리라는 것을 예고한다.

2012년 웹진 '테크크런치TechCrunch'는 우리가 "결제 공간의 대혁명 한가운데"에 놓여 있다고 주장하면서 "결제 데이터의 가치가 결제 수수료보다 높아질 것"이라고 예측했다. 거래 수수료 중심에서 거래 데이터 중심으로 사업 모델을 전환할 방법을 모색하는 결제 앱은 단순히 누가 무엇을 볼 수 있는지를 재설정하는 것 외에 무엇을 더해야 하는지 고민해야 한다. 또한 거래 데이터를 가치로 변환하는 방법도 찾아야 한다.

대부분 결제 시스템의 목표는 데이터를 채취하는 새로운 여과 장치를 만들어내는 것이다. 모바일 결제 시스템 출시 경쟁은 여러 측면에서 거래 데이터의 소유권과 접근권을 두고 벌이는 다툼이라고 할 수 있다. 업계에서는 이런 경쟁을 '지갑 전쟁'이라고도 부른다. 모바일 결제 앱은 데이터를 수집할 뿐 아니라 사용자의 스마트폰을 거쳐가는 모든 사적·사회적·지역적 데이터 스트림과 그 데이터를 연결한다. 결제 앱 데이터의 핵심 목표 중 하나는 누가 무엇을 볼 수 있는지를 이리저리 뒤섞는 것이다.

더 널리 사용되는 모바일 앱을 개발하기 위한 경쟁에서는 단순히 새로운 테크놀로지를 개발하고 판매하는 것만으로는 승리할 수 없다. 이 전쟁에서 승자가 되려면 새로운 결제 관행이 자리 잡았을 때 수익률이 높은 거래 데이터를 독점할 수 있는 유리한 고지를 점령해야 한다. 새로운 데이터 지침은 거래 데이터 열람권 시장을 만들어낸다.

결제가 과거의 거래 내역을 생성하듯이 우리가 매 순간 페이스북 등에서 하는 활동은 사회적 흔적을 남긴다. 소셜미디어 플랫폼은 우리가 올린 사진과 댓글 외에도 우리가 클릭한 링크나 영상까지도 기록한다. 이 자동화된 수집은 디지털 티끌이 모이면 엄청난 가치의 산이 될 것이라는 믿음에 근거를 둔다. 실제로 소셜미디어 플랫폼은 언젠가는 이 데이터를 활용해서 수익을 올릴 수 있을 거라는 기대를 품고 사용자의 사소한 활동을 기록하는 데 엄청난 비용을 들인다.

실리콘밸리가 결제 산업에 주목하면서 우리의 금융 활동이 생성하는 기록에도 소셜미디어 논리가 적용되기 시작했다. 실리콘밸리는 결제의 기능을 2가지 방식으로 구조화한다. 첫째, 소셜미디어 사업이라는 관점에서 결제 내역은 아직 저평가된 자원이며 기업이 이미 축적해놓은 사용자 감찰 자료에 더할 새로운 유형의 개인 데이터다. 둘째, 소셜미디어 산업은 다층적인 플랫폼, 예컨대 한 이해관계자 집단(우리)이 생성하는 데이터가 다른 이해관계자 집단(광고주)에 판매되는 시장을 구축한다. 소셜미디어 환경에서 결제는 통합하고 분석하고 포장하고 판매할 데이터를 생산하는 또 하나의 사회 활동에 불과하다.

새로운 소셜 결제 시스템은 구체화되지 않은 채 존재하던 개인과 집단의 거래 내역을 기록하는 영속적인 장부를 만들어낸다. 결제의 사회적인 속성을 기록으로 구체화할 뿐 아니라 그 기억에 울타리를 세우고 독점한다. 거래는 이제 거래 데이터가 되었다. 과거에는 사적 데이터로 취급되던 거래가 언젠가는 매출의 원천이 될 수 있는 사회 데이터의 일종이 되었다. 우리의 거래 내역은 구체적인 형태를 띠고, 감찰 가능하고, 사유화된 무언가로 재탄생했다. 거래 내역의 기록에 대한 이런 관심을 어떻게 설명할 수 있을까?

구글이 결제 시스템을 도입한 이유

아마도 거래 데이터에서 가치를 뽑아낼 가장 명확한 청사진을 세운 기업은 구글일 것이다. 그러나 구글은 상품을 시장에 성공적으로 안착시키는 데 어려움을 겪고 있다. 2011년부터 구글은 안드로이드페이AndroidPay, 구글월릿GoogleWallet, 구글페이GooglePay, 구글페이센드GooglePaySend 등 결제 시스템을 지속적으로 출시했다. 이 결제 시스템은 새로운 상품이 나올 때마다 바뀌었지만, 전체적인 큰 그림은 구글의 표준적인 사업 모델인 '표적 마케팅'의 특성을 그대로 담고 있다.

구글은 달 탐사선 발사에 맞먹는 엄청난 혁신을 약속하지만, 늘 똑같은 방식으로 수익을 올린다. 구글의 수익 모델은 광고다. 마케터에게 팔 수 있는 데이터와 교환하는 조건으로 검색, 이메일, 지도, 문서, 영상 같은 상품과 서비스를 무료로 제공한다. 2017년 구글의 광고 수익은 약 950억 달러에 달했으며, 이것은 구글 전체 매출의 87퍼센트에 해당한다. 구글이 미국 증권거래위원회에 매년 제출하는 보고서에 따르면,

모바일 결제와 가장 밀접한 관계에 있는 모바일 광고 덕분에 2013년부터 2017년까지 연매출은 440억 달러나 증가했다.

구글은 제3자가 사용자 데이터를 직접 열람하는 것은 허용하지 않는다. 그 대신 웹 사용자에게 제한적인 접근권을 판매한다. 광고주는 자신의 광고가 사용자의 검색 이력과 구글이 보유하고 있는 사용자 프로필에 맞춰 검색 엔진과 검색된 웹 사이트에 노출될 수 있도록 입찰에 참여한다. 구글의 광고를 중심으로 하나의 산업이 탄생했다. 구글 파트너로 인증받은 기업은 광고주들이 구글의 상품에 접속할 수 있도록 돕는다.

구글이 정책이나 관행을 바꾸면 광고주와 광고 컨설턴트도 그에 맞춰 전략을 바꾼다. 사람들이 인터넷을 경험하는 방식을 독점하다시피 하고 있는 구글은 인터넷을 돈으로 바꾸는 길로 가는 문을 지키는 문지기라고도 할 수 있다. 2011년에 공개된 구글월릿 출시 영상은 구글이 초창기에 꿈꾼 이상적인 결제 시스템이 어떤 것인지를 보여준다. 구글 검색이 우리가 온라인 정보와 상호작용을 하고 접근하는 방식을 통제하듯이 구글월릿은 공간과 그 공간을 돌아다니는 우리의 이동 경로를 통제한다.

구글의 결제 시스템이 최종적으로 어떤 형태를 띠건 간에 그 상품은 거래 내역을 만들어낼 것이고, 기존에는 사적인 데이터였던 거래 내역을 소셜 데이터와 통합해 표적 마케팅에 활용할 것이다. 구글은 이런 데이터에 대한 접근권을 확보하려고 엄청난 노력을 기울였다. 데이터가 창출하는 수익이 데이터 수집에 드는 비용보다 훨씬 더 클 것이라는 예측에 승부수를 걸었다. 구글이 결제 상품에 어떤 명칭을 붙이건 간에 구글월릿을 통해 수집하는 거래 데이터는 구글이 그 외의 방법으로 수집한 사용자의 데이터에 적용하는 것과 동일한 원칙에 따라 정리되고 판매될 것이다.

소셜 결제 시스템으로서 구글월릿은 거래 내역을 기록하고 열람하는 새로운 방식을 만들어낸다. 구글은 그것을 제공해서 마케터가 데이터 흐름의 방향을 조종할 수 있도록 돕는다. 거래 내역을 직접 열람할 수 없지만, 특정 인구 집단의 관심을 끌 방법을 찾는 마케터는 그 기록을 사실로 받아들인다. 사용자는 거래 내역을 포함한 데이터가 생성한 결과물, 즉 최적화된 검색 결과를 사실로 받아들인다.

그런데 구글이 광고업자에게 판매하는 정보는 우리에게

무엇을 말해주는가? 구글은 데이터의 유효성을 검증하는가? 미디어학자 존 체니-리폴드John Cheney-Lippold는 기업의 힘은 엄청난 양의 추적 데이터를 분석해 젠더, 인종, 계급 같은 기존의 사회 범주로 분류하는 능력에서 나온다고 주장한다. 페이스북과 구글 같은 기업은 이런 분류 작업을 끊임없이 자동적으로 수행하며 그 결과 플랫폼에 상주하는 사용자에 관한 데이터를 만들어낸다.

마케터가 구글의 광고 서비스 입찰에 참여하는 이유는 이런 사용자의 분류가 정확하고, 더 나아가 시스템이 부여하는 알고리즘 정체성이 지금 이 순간에도 어디선가 클릭하는 사용자와 연결되어 있다고 믿기 때문이다. 그러나 플랫폼이 제공하는 불완전한 기억은 정작 그 무엇도 보장하지 못한다. 검증 가능한 실제 거래 행위의 기록인 데이터는 마케터의 믿음과 불완전한 기억 사이에 존재하는 간극을 좁힐 수 있을 것이라고 기대된다.

구글이 '디지털 지갑digital wallet'⦁을 시장에 안착시키려

●　　전자상거래에서 지갑 기능을 하는 소프트웨어를 말한다.

는 노력이 거의 모든 부문에서 저항에 부딪히고 있는 이유는 아마도 웹에서 지나칠 정도로 우월한 독점력을 행사하기 때문인 것으로 보인다. 구글은 모바일의 하드웨어 점유권을 두고 장비 제조업자와도 충돌했고, 모바일 네트워크 운영업체와도 충돌했다. 매입인과 상인에게 수수료를 청구하지 않으면서 카드사에도 수수료를 내지 않을 수 있는 모델을 좀처럼 찾지 못하고 있다. 그러나 무엇보다 구글이 소비자에게 자사의 상품을 사용하도록 유도할 만한 매력적인 이유를 제시하는 데 실패했다는 점이 가장 심각한 문제일 것이다.

●

애플페이는 거래 정보를 수집하지 않는다

2014년 애플페이 출시 발표회에서 애플의 최고경영자 팀 쿡 Tim Cook은 지갑을 모바일로 대체할 때가 되었다고 선언했다. 다른 많은 기업도 그런 변화를 이끌어내려고 노력하고 있었지만, 그런 기업들은 사용자 경험이 아닌 자사의 이익을 최우선 순위에 두는 사업 모델을 개발하는 데 집중했다. 쿡은 애플이 일상적인 결제 혁명을 이끌어낼 적임자라고 주장했다. 그는 "애플페이는 보안을 중시하지만, 사생활 보호도 중요하게 여긴다"라고 말했다. 결제 산업에서는 보안이 늘 최우선 과제였다. 그러나 소셜 테크놀로지 산업에서 사생활 보호는 부차적인 문제였다. 이 두 산업의 비전이 교차하는 곳에서 보안은 필수 조건이지만 사생활 보호는 사치품이다.

광고 회사인 구글과 달리 애플은 고가 장비 제조회사다. 발표회가 끝난 직후 팀 쿡은 『뉴욕타임스』와 인터뷰에서 이렇게 말했다. "우리는 당신이 무엇을 구매하는지, 돈을 얼마나 쓰는지 등에 전혀 관심이 없다." 애플의 공식 온라인 제품 서비스 가이드에는 이런 문구가 나온다. "애플페이는 당신의 거래 정보를 전혀 수집하지 않는다. 오직 당신과 상인과 은행 사이에서만 거래가 이루어진다."

애플페이는 개인 데이터를 훔치려고 하는 사람들뿐만 아니라 합법적인 방법으로 그 데이터로 수익을 올릴 방법을 찾는 사람들에게서도 사생활을 보호하겠다고 약속한다. 애플이 자사가 가지고 있지 않은 정보를 흘리는 것은 불가능하니까. 애플페이는 애플워치와 같은 시기에 출시되었다. 애플워치

착용자는 자신의 신체 건강에 관한 정보를 수집할 수 있을 뿐만 아니라 애플페이를 다운로드해서 물건을 구매할 수도 있었다.

당신이 걸은 거리나 섭취한 영양 정보와 함께 거래 내역도 숫자 정보의 일부가 된다. 커뮤니케이션학자 데버러 럽턴 Deborah Lupton이 지적하듯이 이런 유형의 기억은 "신자유주의가 퍼뜨리는 기업가 시민이라는 이상향의 극단적인 모습을"보여준다. 애플은 이런 가장 사적이고 잠재적인 가치가 높은 데이터를 지키는 보호자라는 역할을 선점했다.

보안과 사생활 보호를 강조한 쿡의 발언은 미래의 사업 모델뿐만 아니라 그 모델의 기술적 비전을 보여준다. 그동안 모바일 서비스업자들은 자신들이 재판매하는 스마트폰의 보안 요소에 구글이 접근하지 못하도록 막는 데 성공했다. 그런데 애플은 모바일 생태계를 구성하는 하드웨어와 소프트웨어를 지배한다. 따라서 애플은 새로운 기능을 표준화하는 동시에 그것을 기기에 탑재할 수 있다. 애플페이는 고객의 데이터 보안을 강화하기 위해 토큰화tokenization•를 사용한다.

모든 아이폰과 애플워치에는 기기 자체의 보안 요소에 저장되는 고유의 특수한 토큰이 부여된다. 이 토큰은 카드사가 애플에 제공하는 카드의 임시 가상 번호라고 이해하면 된다. 계좌의 진짜 번호는 기기나 애플 서버에도 저장되지 않는다. 따라서 거래와 직접적인 관련이 있는 개인 정보에 대한 접근권이 허락되는 것은 고객과 카드사뿐이다. 토큰을 훔치더라도 다른 기기에서는 그 토큰이 작동하지 않는다. 토큰은 특정 기기에서만 작동하도록 제작되어 토큰의 암호가 카드사에 해당 기기의 토큰이 아니라고 알려줄 것이기 때문이다.

이런 환경을 구축하기 위해 애플은 JP 모건 체이스, 뱅크오브아메리카, 시티뱅크 같은 주요 카드사와 협상을 해야 했다. 이 협상안의 구체적인 내용은 공개되지 않았지만, 매입인은 상인에게 수수료를, 카드사는 매입인에게 수수료를 지급하고, 카드사는 수수료의 일부를 애플에 지급하기로 합의한 것으로 보인다. 이 제휴로 애플은 기존의 결제 인프라를 사용할 수 있게 되었다. 대형 금융 기업도 이 시스템에서 계속 주

●　모바일 결제 시스템에서, 신용카드와 같은 개인 정보를 보호하기 위해 관련 정보를 토큰token으로 변환해 사용하는 방식이다.

도적인 역할을 할 수 있게 되었다. 대형 은행은 애플의 보안 테크놀로지에 기대를 걸고 있을 것이다. 애플의 보안 시스템을 사용하면 카드 번호가 그 카드를 받는 상인에게조차 노출되지 않는다. 은행조차 비용 문제로 섣불리 도입하지 못한 기술이다. 애플은 아직은 수익 창출이 기대되는 것에 불과한 거래 데이터의 일부가 되었을 뿐 아니라 현재 결제업계에서 요구하는 조건들을 충족시킴으로써 이미 실제로 금전적 가치가 이동하는 네트워크의 일부가 되었다.

아메리칸 익스프레스 카드와 체이스 사파이어 리저브 카드의 사례에서 보았듯이 상인은 최고 고객을 확보할 수만 있다면, 기꺼이 높은 수수료를 부담한다. 물론 애플은 세계에서 가장 부유한 사람들을 사용자로 두고 있다. 한 테크놀로지 전문가는 이렇게 말한다. "스티브 잡스가 만든 아이폰은 누구나 탐내는 부르주아 상품이 되었다. 비싸지만, 요란하지 않으면서 세련되었다. 중상층 백인은 아이폰을 자신의 분신이라도 되는 양 애지중지했다. 아이폰은 자신의 수입을 초과하는 소비생활을 하는 배우, 모델, 래퍼, 학자, 그래픽 디자이너의 휴대전화다. 역사적으로 아이폰만큼 디지털 계급을 잘 표시해주는 상품도 없었다."

　고객이 애플페이로 결제하면, 가게의 위치가 고객의 아이폰으로 전송된다. 사생활 보호는 거래 내역에 대한 통제권을 누가 행사하는지의 문제가 된다. 아이폰이 있는 부자들에게는 돈을 주고 자신들의 개인 정보에 대한 통제권을 살 수 있는 선택지가 있다. 나머지 사람들은 거래 내역 서비스를 제공받는 대가로 자신들의 개인 정보를 내준다.

　2019년에 애플은 애플카드를 출시했다. 신용카드는 애플과 제휴를 맺은 골드만삭스가 발급했지만, 이 애플카드의 홍보 영상은 이렇게 말했다. "새로운 부류의 신용카드. 은행이 아니라 애플이 만들었습니다." 애플은 애플카드가 은행이 만든 신용카드와 달리 "단순함, 투명함, 사생활 보호 등 애플이 믿는 모든 것을 대변합니다"라고 설명했다. 어떤 면에서 애플카드 출시는 패배를 인정하는 것이나 마찬가지였다. 애플페이가 출시된 이후 5년이 지나는 동안 널리 받아들여졌다면, 신용카드가 제공되는 새로운 결제 상품을 개발할 필요가 없었을 것이다.

　신용카드 자체는 비록 티타늄으로 만들고 애플 디자인이

라는 문구를 새겨넣었지만 누구의 관심도 받지 못했다. 실제로 마스터카드는 이 카드를 최초의 '디지털 세대' 카드라고 설명했다. 애플카드는 주로 아이폰에서 산다. 그리고 온갖 새로운 것들을 가능하게 한다. 이런 새로운 것들에는 지급해야 하는 이자나 구매 내역 등 거래 내역도 포함된다. 아이폰을 몇 번 두드리기만 하면 익숙하지 않거나 기억나지 않는 구매가 구매 시간과 함께 지도에 표시된다.

•

벤모는 지갑이 아니다

구글과 애플은 스마트폰에 탑재된 지갑을 상상한다. 그래서 스마트폰 화면에 카드 이미지를 띄운다. 지갑은 단순히 결제 수단이 아니다. 결제의 포트폴리오다. 디지털 지갑은 그 지갑을 거쳐가는 모든 정보를 수집하거나 감추기도 한다. 그러나 디지털 지갑은 말 없는 마차처럼 오직 과거의 용어로 미래를 그려낸 개념일 수도 있다. 구글월릿과 애플페이가 기존의 결제 관행에 편승하는 방식을 택한 반면 벤모는 조용히 일상의 결제 개념을 바꾸고 있다. 벤모는 지갑이 아니라 대화다.

벤모가 성공하기 전까지는 결제업계에서 개인 간 모바일 결제는 전망이 없는 분야라는 견해가 지배적이었다. 전통적으로 상인은 돈을 받기 위해 돈을 낸다. 그런데 개인 간 거래에는 상인이 없다. 실제로 벤모는 사용자가 직불카드나 계좌이체로 돈을 보내거나 받을 때에는 수수료를 부과하지 않는다. 그런데도 2012년에 우버와 에어비앤비 같은 공유경제 플랫폼을 지원하는 결제업체 브레인트리Braintree는 2,620만 달러를 주고 벤모를 인수했다. 당시에 벤모는 수익을 전혀 내지 못하고 있었다. 2013년에는 페이팔이 브레인트리를 8억 달러에 인수했다.

벤모가 투자자와 파트너사에 약속한 가치는 커뮤니케이션, 즉 새로운 거래 내역 기록인 사용자 간 대화다. 이런 대화는 벤모의 기본 구성 요소로 거래 내역을 자동적으로 기록한다. 더 나아가 현재 벤모의 가장 귀중한 자산은 '벤모'라는 단어일 것이다. '구글하다'가 '검색하다'를 의미하고 '페이스북하다'가 '연락을 주고받다'를 의미하는 것처럼, 20대 사용자들 사이에서 '벤모하다'는 '돈을 보내다'를 의미한다. 벤모의 기업 가치는 벤모가 인간관계에서 가장 금기시되는 친구 간 돈 거래를 둘러싼 일상적인 사회규범을 바꾸고 있다는 것이다.

벤모의 개인 정보는 기본적으로 공개로 설정되어 있다. 이 것은 누구나 벤모의 거래 내역을 볼 수 있다는 것을 의미한 다. 당신의 피드를 구독하거나 당신에게 관심이 있는 친구의 친구뿐 아니라 벤모 피드를 클릭하기만 하면 누구나 볼 수 있 다. 벤모의 개인 정보 설정을 비공개로 바꾸는 사용자도 많다. 그러면 사용자가 돈을 보냈거나 사용자에게 돈을 보낸 친구 들만 거래 내역을 볼 수 있다. 그러나 여전히 많은 사용자가 개인 정보 설정을 공개로 놔둔다.

게다가 누구나 접속할 수 있는 앱에 명령어를 집어넣어 피 드를 조작하는 것도 가능하다. 2014년 두 프로그래머가 실제 로 그렇게 했고 바이스모Vicemo.com라는 웹사이트를 만들었 다. 바이스모는 벤모 사용자들이 거래 내역에 '마약, 술, 섹스' 관련 메모를 단 피드를 검색하고 공개적으로 게시한다. 우리 는 이 게시물을 보면서 누군가 '마약값을 보낸다'는 사실을 알게 된다. 바이스모는 벤모의 거래 내역 피드의 링크도 달아 놓는다. 따라서 그 거래 행위를 한 당사자의 나머지 거래 내역도 클릭 몇 번으로 볼 수 있다.

물론 벤모의 메모 중에는 농담인 것도 있다. 그러나 벤모의 서비스 약관 규정은 모든 소셜 결제 시스템의 서비스 약관 규정이 그렇듯이 마약·마약용품·성인용품·포르노 판매, 담배나 술 관련 금지 규정 위배 등 불법이거나 도덕적으로 비난받을 수 있는 거래에 벤모를 이용하는 것을 명시적으로 금지한다. 바이스모는 그런 거래가 하루에도 수천 건씩 이루어지고 있다는 것을 보여준다. 똑똑한 사용자는 진짜 불법적인 거래는 비공개로 설정하거나 메모에 그 내용을 정직하게 밝히지 않는다. 그런 조치는 거래 내역이 공공 기록에 편입되는 것을 막을 수는 있어도 벤모의 사적인 거래 내역에서 삭제하지는 못한다.

●

벤모가 깬 사회적 금기

벤모는 오래전부터 벤모에서 이루어지는 거래가 브랜드들이 어떻게든 접근하고 싶어서 안달이 난 진정한 사적 교류의 장場

이 될 것이고, 그 결과 새로운 유형의 광고 전략이 탄생할 것이라고 믿었다. 실제로 2016년에 벤모는 상인도 벤모로 결제할 수 있도록 허용했다. 마침내 벤모가 진짜 친구들끼리 나눈 진짜 대화에 대한 접근권을 상인에게 허락한 것이다. 벤모는 미래의 상인 고객에게 "벤모는 서로 귀를 기울이고 공유하고 신뢰하는 친구들을 연결합니다. 벤모로 결제를 받으면 당신의 브랜드가 이런 대화의 중심에 자리 잡게 될 것입니다"라고 설명했다.

일상적인 거래를 둘러싼 사회적 금기를 완화하면 그 위험과 가치가 더 크게 느껴진다. 데이터 분석 분야의 선두 기업인 팔란티어Palantir를 예로 들어보자. 팔란티어는 벤모의 모기업 페이팔의 파생기업이다. 실리콘밸리에서 가장 기업가치가 높은 민간 기업으로 꼽힌다. 팔란티어는 존 로널드 톨킨John Ronald Tolkien의 『반지의 제왕』 3부작에 나오는 사악한 마법사가 사용하는 '보는 돌seeing stone'의 이름을 따서 지었다. 페이팔이 이베이에서 벌어지는 사기 행각을 탐지하고 차단하는 데 사용한 테크놀로지가 기업이 된 것이다. 팔란티어는 대량의 복잡한 데이터를 활용해 예측 분석 보고서를 작성하는 작업에 특화된 기업이다.

2014년 팔란티어는 인사이틱스Insightics 개발 프로젝트를 위해 가장 오래되고 큰 글로벌 신용카드 결제 서비스업체 퍼스트데이터First Data와 제휴를 맺었다. 인사이틱스는 상인의 결제 내역을 바탕으로 고객의 인구통계학 정보와 행동 정보를 도출하는 플랫폼이다. 상인의 결제 내역에는 그런 정보가 상세히 나오지 않는다.

그러나 벤모의 거래 내역이 사용자의 진짜 행동을 반영하는지는 여전히 확실하지 않다. 사람들이 벤모에서 거래를 할 때 늘 문자의 의미대로 메모를 다는 것은 아니다. 커피값을 내면서 장난삼아 마약을 언급하고 정작 마약값을 지불할 때는 마약을 언급하지 않는다. 월세와 관리비 결제 내역에 재미를 더하기 위해 음료 이모티콘을 덧붙인다. 거래의 상대방을 웃게 만들고 관심을 끌려고 둘만 아는 농담을 던지기도 한다.

페이팔과 팔란티어는 데이터 공유 협약을 맺지는 않았지만, 팔란티어가 예견하는 세계와 가장 큰 성공을 거둘 수 있는 세계는 모바일 결제가 생성하는 거래 내역이 구글 같은 경쟁사에 의해 보호받거나 상인에 의해 이용되지 않는 세계다.

애플페이도 마찬가지다. 팔란티어는 벤모의 접근 방식의 수혜자가 될 것이다. 벤모는 여느 소셜미디어와 마찬가지로 돈의 사회성을 친구, 미래의 고용주, 첩보 기관 등 누구나 접속할 수 있고 오래도록 사라지지 않는 공개 정보로 바꾼다.

중국의 위챗은 많은 사람의 일상에서 모든 것이 될 수 있다. 위챗은 중국 정부와도 밀접한 관계를 유지하고 있다. 위챗과 중국 정부의 조합은 역사상 유례를 찾아볼 수 없을 만큼 완전한 상업과 국가 감찰 영역을 만들어낸다. 무엇이 '미국 시장의 위챗'이 될 것인지 상상할 때 누가 그 기록의 이해당사자인지, 어떤 조건에서 그 기록의 이해당사자가 되는지 상상할 수 있을까?

항도티둑Hang Do Thi Duc은 아트 프로젝트 '기본 설정은 공개: 2017년 벤모 이야기'를 위해 2017년에 벤모에서 공개적으로 이루어진 모든 거래를 다운로드했다. 그녀가 다운로드한 거래 건수는 총 2억 798만 4,218건이나 되었다. 그녀는 이 데이터를 가지고 광고를 하거나 언젠가 중앙정보국의 목표물이 될 사람들과 테러 분자를 잡아내는 시스템을 구축하지 않았다. 그 대신 무작위로 다섯 명을 골라 그들의 금융 삶을 기록했다.

'기본 설정은 공개'의 목적은 경고다. 항도티둑은 강조하고 또 강조한다. 벤모의 개인 정보 설정을 바꾸는 것이 얼마나 쉬운지. 게다가 벤모의 개인 정보 설정을 어떻게 바꾸는지 단계별로 차근차근 설명해주기까지 한다. 그녀가 벤모의 거래 기록으로 재구성한 모든 프로필은 개인 정보 설정을 바꿔야 할 설득력 있는 이유로 마무리된다. 스토커가 당신이 주중에 어디서 점심을 먹을지 꽤 정확하게 예측한다. 보험회사가 당신이 지난 8개월간 거래한 거의 1,000건에 달하는 불량식품 거래 내역을 근거로 보험 계약 취소를 통보한다. 이런 이유들은 가히 현대의 공포물이라고 할 만하다.

우리의 거래 내역이 소셜 피드의 게시물로 구체화되고 기계가 읽을 수 있는 데이터 스트림의 정보가 되면 그 기록은 아주 많은 사람에게 노출된다. 그러나 아마도 가장 시급한 문제는 그것을 보는 것 자체만이 아니라 그것에 대한 해석이다. 누가 우리의 거래 내역을 해석하게 될 것인가?

돈과
디지털

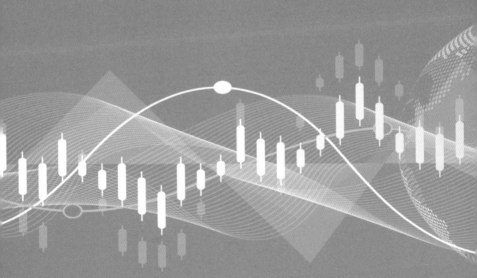

스타벅스의 디지털 화폐

2018년 1월, 스타벅스 회장인 하워드 슐츠Howard Shultz가 1분기 실적을 보고하는 자리에서 화폐의 미래에 대해 이야기 했다는 소식이 업계에서 큰 화제가 되었다. 슐츠는 사람들에게 20년 전으로 돌아가 인터넷에 대해 처음 들었을 때를 떠올려보라고 말하면서 "세상이 완전히 달라졌고, 아무도 상상하지 못한 방식으로 우리가 서로 연결되었다"며 감탄을 금치 못했다. 그런 다음 그는 미래를 그려보라고 말하면서 앞으로 20년 동안 그에 비견될 만한 변혁을 가져올 테크놀로지는 '디지털 화폐'라고 주장했다.

슐츠는 자신이 생각하는 디지털 화폐는 한창 유명세를 타고 있는 암호화폐가 아니라며 "저는 비트코인이 현재의 화폐나 미래의 화폐가 될 거라고 생각하지 않는다"라고 강조했다. 그는 곧 1~2개의 디지털 화폐가 등장할 거라고 예견하면서 그중 하나는 스타벅스 같은 기업이 발행한 디지털 화폐일 것이라고 덧붙였다.

스타벅스에서 발행하는 디지털 화폐는 기업 임원들을 위한 공상과학 소설에나 나올 법한 이야기처럼 들린다. 그러나 테크놀로지 비평가, 시민운동가, 기업가들은 꽤 오래전부터 정부가 아닌 민간업체가 발행하는 디지털 화폐에 대해 이야기해왔다. 2008년 글로벌 금융 위기를 겪으면서 그런 화폐의 출현 가능성이 한층 더 높아졌다. 당시에는 사람들이 정부가 발행한 화폐가 아닌 다른 무언가를 받아들일 준비가 되어 있었고, 그중에는 암호화폐와 지역화폐도 있었다. 그러나 다국적 기업인 스타벅스가 발행하고 관리하는 디지털 화폐라는 미래상은 이전의 미래상과는 확연히 달랐다.

그해에 스타벅스는 인스타그램용 유니콘 프라푸치노 Unicorn Frappuccino 같은 상품을 출시하면서 신문의 헤드라인을 장식했지만, 스타벅스를 화폐 혁명의 기수로 떠올리는 사람은 많지 않았을 것이다. 슐츠는 스타벅스가 디지털 화폐 발행 적임자인 이유 3가지를 제시했다. 첫째, 남극 대륙을 제외하면 세계 모든 대륙에 매장 3만여 곳이 있어 디지털 화폐를 관리할 수 있는 글로벌 네트워크가 이미 갖춰져 있다. 모든 스타벅스 매장은 스타벅스 디지털 화폐로 결제하면서 그 화폐를 발행하고, 보관하고, 이체하는 준準금융기관의 '지점' 역할을 하게 될 것이다. 둘째, 스타벅스는 2001년부터 충전식 스타벅스 카드를 발행하는 등 적극적으로 핀테크 역량을 키워왔다. 2011년에는 스타벅스 결제 모바일 앱도 출시했다. 셋째, 여전히 좀처럼 믿기 힘들어하는 사람이 많지만, 2018년 한 투자분석가는 미국에서 모바일 결제 시장의 승자는 테크 기업이나 은행이 아니라 스타벅스라고 선언했다.

그러나 글로벌 영향력이나 테크놀로지보다 중요한 것은 아마도 슐츠의 말대로 "스타벅스라는 브랜드가 지닌 힘, 신뢰, 자신감"일 것이다. 스타벅스가 발행하게 될 디지털 화폐가 비트코인보다 우월한 점은 스타벅스의 '신뢰와 정당성'이다. 스타벅스의 고객들은 확실히 아침에 구매하는 커피만이 아니라 스타벅스의 거의 모든 것을 신뢰하는 것처럼 보인다. 2016년 한 보고서는 전 세계에 퍼져 있는 스타벅스 회원들이 각자의 스타벅스 계정에 충전한 돈의 총액이 12억 달러에 이른다고 밝혔다. 미국의 지역 은행이나 가장 큰 선불카드사인 그린닷의 총 잔고보다 많은 금액이다.

●

비트코인의 등장

2010년 미국의 패러디신문 『어니언The Onion』은 다음과 같은 머리기사를 내보냈다. "돈이 상징에 불과하며 모든 사람이 공유하는 망상이라는 사실을 미국인이 깨닫자 미국 경제에 브레이크가 걸렸다." 이 가짜 뉴스에는 모든 미국인이 잠시 멈춰 서서 "한때 인간의 자격과 지위를 측정하는 잣대로 쓰인, 건물과 죽은 백인이 그려진 작은 초록색 종이"를 찬찬히 살펴보는 사진이 게재되어 있다. 이 기사는 웃자고 쓴 패러디지만, 2008년 글로벌 금융 위기가 촉발한 더 큰 문화적·기술적 변화를 보여준다.

돈은 그 자체로 불가사의한 존재가 되었다. 그리고 돈은 여전히 이해할 수 없는 무엇이다. 이런 혼란의 와중에 새로운 유형의 돈이나 거래 공동체를 만드는 사람들이 등장하기도 한다. 금융 위기 이후 몇 년간 예술가, 시민운동가, 공학자, 창업가들이 여러 새로운 돈을 만들어냈다.

2008년 사토시 나카모토Satoshi Nakamoto라는 가명을 쓰는 개인 또는 단체가 비트코인을 공개했다. 사토시 나카모토는 개인 간 네트워크를 활용해서 비트코인을 생산하고 전송할 계획이었다. 2010년부터 2014년까지 터무니없이 복잡하고 또 충격적일 정도로 비싼 비트코인은 대중의 상상력을 자극했다. 누군가 일부러 거래 공동체를 만들 때는 대개 기존의 가치, 정체성, 공간, 시간, 정치 문제를 해결하기 위해서 만든다.

비트코인은 그런 모든 것을 다시 규정하고자 했다. 정부가 가치를 보증하는 것이 아니라 시장과 암호로 가치가 보장되는 '디지털 금'이자 수수료를 내거나 감시를 받는 일 없이 인터넷을 통해 전 세계를 돌아다니는 '디지털 화폐'로 기획되었다. 비트코인 개발자와 사용자는 비트코인을 일종의 마법과 도 같은 '인터넷 화폐'로 여겼다. 이것은 자유지상주의자, 암호화폐 운동가, 사이퍼펑크족, 암호무정부주의자의 마음을 사로잡았다. 비트코인 지지자 대부분은 초창기부터 네트워크 노드node●를 운영했고, 돈의 미래를 꿈꾸고 지지했다.

비트코인은 종잡을 수 없는 돈처럼 보이지만 꽤 명확한 원칙이 적용된다. 비트코인은 은행이나 소셜미디어 플랫폼을 거치는 일 없이 가치를 지급인에서 수신인으로 직접 전송한다는 점에서 현금처럼 기능한다. 그러나 현금과 달리 모든 비트코인 거래는 블록체인에 기록된다. 그리고 지급인과 수신인의 신원을 보호하기 위해 모든 거래는 암호화된다. 새로운 거래를 확인하고 업데이트하려면 컴퓨터 네트워크가 꼭 필요하다. 이들 컴퓨터의 운영자는 노동력을 제공하는 대신 가끔씩 시스템이 자동적으로 생산하는 비트코인을 보상으로 받는다.

이렇듯 블록체인을 자발적으로 호스팅하면서 비트코인으

● 네트워크에서 연결 포인트 혹은 데이터 전송의 종점 혹은 재분배점을 말한다.

로 보상받는 노동 행위를 땅에서 희귀한 금을 캐내는 것에 빗대 '채굴하기'라고 부른다. 2009년 1월 비트코인 클라이언트bitcoin client*가 최초로 동기화되었고, 첫 비트코인 제네시스 블록genesis block**에서 채굴이 시작되었다. 새로운 비트코인이 채굴되는 속도는 시간이 지날수록 점점 느려지다가 어느 순간이 되면 비트코인이 전부 채굴되어 고갈된다. 따라서 비트코인이 디지털 화폐로 기획되기는 했지만, 실제로는 투기 상품인 '디지털 금'에 가깝다. 그리고 비트코인에 대한 투기 거래로 엄청난 시장 변동성도 생겨났다.

그런데도 많은 비트코인 열성 지지자가 정부의 개입에서 자유로운 대안화폐, 즉 미국 정부보다 훨씬 더 오래 살아남을 돈이라는 비전을 포기하지 않았다. 미국의 한 피자가게가 비트코인을 받고 피자 2판을 배달하면서 최초로 현실세계에서 비트코인이 사용되자 이것이 일상생활에서 비트코인을 결제

●　　서버 시스템과 연결해 주된 작업이나 정보를 서버에 요청하고 그 결과를 돌려받는 컴퓨터 시스템이다.
●●　분산 데이터 저장 블록체인의 첫 번째 블록을 말한다.

수단으로 사용할 수 있다는 증거라며 흥분했다. 그러나 현재까지도 비트코인을 결제 수단으로 받는 상인은 많지 않다(비트코인은 2010년 5월에 30달러, 2017년 2월에 2만 달러, 2018년 5월에 7,600달러였고, 2021년 1월 4만 2,000달러였다).

●

대안화폐의 역사

그런데 2008년 금융 위기 이후 탄생한 새로운 화폐가 비트코인만 있는 것은 아니다. 그 무렵 대안화폐에 대한 관심이 급격히 치솟았고, 타임뱅크Time Bank·레츠LETS(지역 교환 거래 시스템)·지역화폐 등 다양한 대안화폐가 등장했다. 비트코인처럼 의도적으로 형성된 이들 거래 공동체는 가치, 정체성, 공간, 시간, 정치와 얽힌 문제들을 해결하고자 했다. 2014년에 도입된 암호화폐 라코타코인Lakotacoin은 미국 파인리지 원주민 보호구역의 오글랄라 라코타족이 부족의 민족자결권, 자치권, 지역경제 활성화를 염두에 두고 만든 지역화폐다.

2010년대에 대안화폐에 대한 관심이 치솟은 것은 사실이지만, 그런 관심 자체는 새로운 것이 아니었다. 현재 가장 오래되고 규모가 큰 지역화폐는 이타카 아워즈Ithaca HOURs다. 1991년 폴 글러버Paul Glover에 의해 시작된 이 지역화폐는 미국 뉴욕주 이타카에서 통용된다. 현재에도 운영되고 있는 지역화폐로 이타카 1아워는 미국 달러 10달러에 해당되며, 1시간 동안의 노동에 대한 지불 금액으로 권해지고 있다.

대안화폐가 물리적인 형태를 지닐 때는 일반 화폐와 마찬가지로 그 거래 공동체의 경계를 표시하는 정체성, 지리학, 가치를 띠도록 설계된다. 미국 매사추세츠주 서부에서 통용되는 지역화폐인 버크셰어즈Berkshares에는 산이 그려져 있고, '공동체, 경제, 생태, 지속가능성'이라는 거래 공동체의 신조가 새겨져 있다. 이런 화폐 시스템은 대개 자립 가능한 경제적 대안을 추구한다기보다는 공동체의 소속감과 사회 통합을 염두에 두고 만들어진다. 구성원들이 공유하는 미래상을 구심점으로 형성된 거래 공동체를 의도적으로 구분할 수 있도록 화폐의 영역이 규정된다.

저술가이자 시민운동가인 브렛 스콧Brett Scott은 2013년 한 에세이에서 돈을 추구하는 집단지성을 아주 잘 포착하고 묘사했다. 그는 돈이 귀하다는 관념은 "사회적으로 강제된 허구, 요컨대 구성원들이 서로 눈을 찡긋거리면서 모르는 척 그냥 넘어가는 치밀하고 은밀하게 기획된 연극에 불과하다"라고 주장한다. "그런 환상이 견고한 관습이 되어 아무도 나서서 그 어리석음을 지적하지 않게 되고", 결국 "그것에 반대하는 사람들이 미친 사람 취급을 당하고, 금속, 종이 쪼가리, 아무런 의미 없는 전자 데이터를 받고 유용한 재화를 내주는 행위가 지극히 정상적인 것처럼 여겨지게" 된다. 그는 우리가 암호화폐나 브리스틀 파운드Bristol Pound 같은 지역화폐, 더 나아가 트위터에 해시태그를 붙이고 거래 약속을 하는 것으로 돈을 대신하는 장난에 가까운 펑크 머니Punk Money 등 여러 대안화폐를 두고 이런저런 실험을 하면서 돈이 빚어낸 환상에서 깨어나기 시작했다고 말했다.

이렇듯 새로운 돈이 유통되는 현실을 보면서 돈을 만드는 일이 만만할 거라고 생각하기 쉽다. 미국의 경제학자 하이먼 민스키Hyman Minsky는 "누구나 돈을 만들어낼 수 있다. 문제는 남들이 그 돈을 돈으로 받아들이도록 만드는 것이다"라고 말했다. 그는 중앙은행의 중요성을 말한 것이다. 그러나 원래의 맥락을 살짝 걷어내도 그 말의 핵심은 여전히 유효하다. 민족국가 외에 과연 어떤 기관이 새로운 돈이 돈으로 통용되는 데 필요한 구조를 만들어낼 수 있을 것인가?

비자카드의 설립자인 디 호크가 지적했듯이 돈이 사회적으로 가치가 보증된 정보에 불과하다면, 어떤 조건이 충족되어야 그 보증이 유효해지는 걸까? 『어니언』의 기사처럼 돈은 한 국가의 구성원들이 공유하는 망상에 불과할지도 모른다. 그러나 그것이 사실이라고 해도 여전히 그 가치를 생산하고 유지하고 유통 가능하게 하는 구조가 필요하다. 커뮤니케이션학자 제임스 케리의 이론대로 우리의 공유된 사회적 현실이 커뮤니케이션을 통해 생산되고, 유지되고, 보수되고, 변경된다면 과연 어떤 민간업체가 국가만큼 공유된 사회적 현실을 능수능란하게 관리하고 유지할 수 있을까?

우리는 확실히 복수의 돈이 통용되는 미래나 정부가 교환 수단에 대한 독점권이 없는 미래를 향해 달려가고 있는지도 모른다. 정치관에 따라 어떤 사람들은 암호화폐나 지역화폐에 희망을 걸고, 학자들은 이런 새로운 돈이 도대체 무엇을 의미하는지 이해하려고 노력한다. 그런데 하워드 슐츠가 제안한 기업이 발행하는 디지털 화폐는 어떻게 보아야 할까?

●

스타벅스 리워드 프로그램

기업 화폐를 포함하는 복수의 비정부 화폐가 통용되는 세상을 예견한 사람은 하워드 슐츠만이 아니다. 결제 산업 전문가 데이비드 버치는 앞으로 100년 내에 페이스북이 내놓을 디지털 화폐, 런던의 공유 주차 공간 1시간 이용권, 원자력 전기를 킬로와트kw 단위로 현물처럼 사고파는 전기 이용권, 웨식스Wessex주에서 공급하는 일종의 무이자 대출 상품 같은 다양한 화폐가 유통될 것이라고 주장한다.

스타벅스는 이미 디지털 화폐와 유사한 무언가를 발행하고 있다. 바로 스타벅스 리워드 프로그램이다. 이 프로그램의 회원이 자신의 계정을 등록한 스타벅스 카드나 모바일 앱으로 구매를 하면 '별'을 얻는다. 2019년 초에 미국의 스타벅스 리워드 프로그램 가입 회원 수는 1,630만 명에 달했다. 이 회원들의 구매가 미국 스타벅스 매출의 거의 40퍼센트를 차지한다. 스타벅스 리워드 프로그램 회원은 영국, 미국, 캐나다, 호주, 멕시코, 아일랜드, 홍콩에서 별을 얻고 쓸 수 있다.

항공사 마일리지, 카드 발급인이 수수료로 지급하는 신용 카드 포인트, 상인이 단골 고객에게 제공하는 포인트 등 여러 리워드 프로그램이 많은 사람의 금융 생활에서 중요한 부분을 차지하고 있다. 컨설팅 회사 맥킨지에 따르면 미국 총 가구 수의 75퍼센트가 적어도 1개 이상의 리워드 프로그램에 가입해 있고 가구당 평균 가입 프로그램 수는 18개라고 한다.

사람들은 상상력을 자극하는 디지털 화폐인 비트코인에 더 주목한다. 그러나 우리 주변에는 리워드 프로그램에 실제로 가입하고 활용하는 사람이 비트코인이 무엇인지 제대로 아는 사람보다 훨씬 더 많다. 비트코인의 힘은 기술적 난해함과 신화에서 나온다. 리워드 프로그램은 평범하지만 그것이 주류 디지털 화폐가 되는 진짜 필요조건인지도 모른다. 뉴스의 헤드라인을 장식하는 것은 비트코인이지만, 시장은 리워드 프로그램의 손을 들어주었다.

결제 산업 분야에서 유명한 어느 변호사는 우리가 곧 일상생활에서 통용되는 여러 유형의 화폐가 치열한 경쟁을 벌이는 현장을 목격하게 될 것이라고 말했다. 비트코인이 아니라 리워드 프로그램을 염두에 두고 한 말이었다. 그런 경쟁이 벌어지는 미래에서는 정부가 발행하는 화폐도 시장의 선택을 받으려고 경쟁하는 여러 화폐 중 하나가 된다. 정부가 발행하는 화폐가 완전히 퇴출되는 일은 없겠지만, 여러 화폐 중 하나에 불과할 수 있다는 말이다.

리워드 프로그램은 전혀 새로울 것이 없다. 초창기 버전 중 하나는 1930년대에 인기를 끈 스페리앤드허친슨컴퍼니Sperry & Hutchinson Company의 그린 스탬프Green Stamps 프로그램이다. 소비자는 슈퍼마켓, 주유소, 백화점 등에서 돈을 쓸 때마다 작은 초록색 도장을 받았다. 그렇게 모은 도장은 프로그램 가입 상점이나 프로그램에서 발송하는 카탈로그에서 물건(주로 가정용품)을 구매하는 데 사용했다. 1980년대에는 항공사가 마일리지 프로그램을 도입했고, 곧 신용카드와 제휴를 맺기 시작했다. 1990년대에는 신용카드가 다양한 종류의 리워드 프로그램과 포인트 시스템을 설계하기 시작했다. 소상공인은 오래전부터 단골 고객을 유치하려고 적립 카드나 스티커를 제공했고, 최근에는 이런 시스템이 스마트폰으로 옮겨갔다.

가끔 리워드 포인트로 커피를 사 마시거나 항공사 마일리지로 비행기 표를 사는 것과 리워드 프로그램을 화폐로 사용하는 것은 완전히 차원이 다른 문제라고 생각할 수도 있다. 그러나 많은 사람이 이미 리워드 프로그램에 대해 이야기할 때 리워드 포인트를 진짜 돈처럼 여긴다. 기업이 리워드 포인트와 달러를 함께 명시하면 상품에 대한 고객의 체감 비용을 낮출 수 있다고 한다. 결제 산업에서는 리워드 포인트를 현금이나 카드처럼 사용하는 것을 자주 목격할 수 있다.

1999년 『비즈니스위크』는 "수백만 명의 미국인에게 항공사 마일리지는 제2의 화폐다"라고 보도했다. 2002년 『이코노미스트』는 항공사 마일리지가 "새로운 국제 화폐가 되었다"라고 보도했다. 2005년에 전 세계에서 발행된 항공사 마일리지는 약 14조 마일리지에 달한다고 한다. 이에 대해 『가디언』은 "금본위제도는 오래전에 잊혔고, 이제는 미국 달러의 우월한 지위도 도전받고 있다. 항공사 마일리지라는 새로운 디지털 화폐가 탄생했으며, 이 화폐의 총 가치는 달러, 유로, 파운드, 엔의 총 가치보다 크다"라고 보도했다. 최근에는 한 블로거가 비트코인의 필요성에 의문을 제기하면서 자신은 "이미 암호화폐를 쓰고 있으며, 그 화폐의 이름은 세포라 Sephora[●] 뷰티 인사이더 포인트"라고 선언했다.

하워드 슐츠는 디지털 화폐라는 비전을 제시하면서 신뢰를 강조할 정도로 통찰력이 뛰어났다. 모든 돈의 가치는 신뢰에서 나온다. 미국 달러는 국가와 국가의 돈을 관리하는 시장 민주주의 제도에 대한 신뢰를 등에 업고 있다. 비트코인은 달러로 표시되는 비트코인의 시장가치, 그것의 토대가 되는 암호 시스템, 그 화폐를 지지하는 공동체에 대한 신뢰를 등에 업고 있다. 거래 공동체는 그 공동체의 제도, 구성원, 정서 구조에 대한 신뢰의 네트워크다.

따라서 스타벅스 같은 브랜드가 디지털 화폐 발행에 관심을 보이는 것도 당연하다. 커뮤니케이션학자 세라 베이넷-와이저Sarah Banet-Weiser는 브랜드가 정체성과 공동체를 만들어낸다고 주장한다. 이것은 그와는 반대되는 방향으로도 작

● 프랑스의 다국적 화장품 유통회사로 전 세계 34개국에서 체인점을 운영하고 있다.

용한다. 기업 브랜드는 정체성과 공동체를 제공한다. 정체성과 공동체의 대표적인 예인 종교와 시민운동단체는 기업의 브랜딩 도구와 기법을 활용한다. 거래 공동체의 생성이라는 측면에서 보면 화폐는 최고의 브랜딩 도구다.

●

국가가 돈을 규정하는 시대는 저물고 있다

스타벅스를 비롯한 기업들이 디지털 화폐 발행 사업에 뛰어든다는 것은 무엇을 의미하는가? 헌법학자 크리스틴 드샌 Christine Desan은 돈을 발행하는 행위를 헌법적 행위로 묘사한다. 돈은 정치 공동체와 헌법 형성 과정에 관여한다. 돈은 그 공동체 헌법의 규제를 받는다. 그는 돈의 탄생 과정이라는 맥락 속에서 돈을 정의하며, 다음과 같은 조건하에서 탄생한다고 말한다. 공동체의 중심에 자금 관리인이 있다. 그 관리인은 공동체의 구성원에게서 개인 분담금을 수거한 다음 다시 배분한다. 관리인은 구성원들에게 공동체에 대한 의무 이행 확인서인 일종의 영수증을 발급한다. 그 영수증은 중앙 자금 관리인과 공동체 전체가 보증하는 표준화된 가치로 유통된다.

경제학자들은 한때 돈이 시장에서 탄생했다는 가설을 펼쳤다. 물물교환을 하던 사람들은 금과 은 같은 귀금속을 교환 수단으로 사용하기 시작했다. 귀금속은 운반하기 쉽고, 나눌 수 있고, 견고하고, 적어도 유럽에서는 희소성이 있었기 때문이다. 그런데 드샌은 다른 많은 인류학자, 사회학자, 역사학자와 마찬가지로 돈에 권위를 부여할 수 있는 사람에 의해 돈이 만들어졌다는 가설을 내세운다.

드샌은 일부러 자금 관리인과 공동체와 개인 분담금 같은 포괄적인 단어를 사용했다. 다양한 맥락에 적용할 수 있는 여지를 남겨두기 위해서다. 자금 관리인은 거의 언제나 군주를 의미하며 개인 분담금은 대개 세금으로 불린다. 그러나 반드시 그런 것은 아니다. "'민간' 조직, 도시, 사업 협력체 등 어떤 독립체라도 돈을 만들어낼 수 있고, 실제로도 그렇게 했다. 집단을 조직화하는 과정에서 그 집단 고유의 정치학도 만들어낸다."

다만 드샌은 자금 관리인의 형태(왕, 교회, 민주 정부, 광산 기업, 블록체인, 공동체, 다국적 커피 체인점)가 결과물이라는 점을 강조한다. 돈은 민주주의 통치 질서의 지배를 받을 수도 있고, 권위주의 통치 질서의 지배를 받을 수도 있다. 돈은 부와 권력을 여러 다양한 방식으로 분배하도록 설계될 수 있다. 그래서 돈을 설계하는 행위는 그 돈이 유통되는 공동체를 규정하는 행위이기도 하다.

그렇다면 돈에 관한 이론은 기술경제 상상의 산물이며, 더 높은 층위의 사회질서에 관한 이론이자 그 이론을 물리적으로 구현하는 방식이다. 적어도 국가 발행 화폐 시스템에서는 거래 대중이 곧 거래 공동체다. 근대 계몽주의 프로젝트에서 돈은 시장민주주의 통치 질서의 지배를 받는다.

독일의 사회학자 게오르크 지멜은 돈이 "사회에 대한 권리 주장"이라고 주장한다. 돈의 가치는 집단에 대한 신뢰에서 나온다. 그러나 나이절 도드가 지적하듯이 "지멜이 염두에 둔 '사회'가 민족국가를 의미하는지는 결코 명확하지" 않다. 사회가 고정된 개념이 아니라면 돈도 마찬가지로 유동적인 개념이다. 그런 통찰이 비트코인 지지자나 지역화폐 운동가 등 인류학자 빌 모러가 애정을 담아 '돈의 광신도'라고 부르는 이들에게 동기를 부여한다. 그들은 돈을 바꾸면 세상도 바꿀 수 있다고 믿는다.

도드는 단도직입적으로 말한다. "국가가 돈을 규정하는 시대는 저물고 있다." 비트코인, 브리스틀 파운드, 스타벅스 리워드 포인트 등 무엇이 되었든 간에 많은 사람이 국가가 발행하는 돈을 대체하거나 최소한 보완하는 미래를 아주 진지하게 상상하고 있다. 암호화폐든 지역화폐든 기업 화폐든 오늘날 돈은 국가의 정치적·영토적 영역에서 자유롭다. 도드는 모든 새로운 화폐가 어느 정도는 유토피아적이라고 지적한다. 새로운 화폐의 도입은 새로운 정치 질서가 확립되는 과정이며, 그런 새로운 화폐를 제안한 구성원들이 추구하는 정치 질서의 원천인 정치적 상상력과 밀접하게 연결되어 있기 때문이다.

이 모든 비전은 어떤 면에서는 포스트민주주의가 낳은 환상이기도 하다. 사회학자 마누엘 카스텔스Manuel Castells는 자유민주주의 제도에 닥친 위기를 기록했다. 카스텔스는 대부분 시민들이 기득권을 지닌 정치 제도와 정부를 신뢰하지 않으며, 이것이 전 세계적인 현상이라는 것을 보여준다. 세계

곳곳에서 포퓰리즘 정권의 선출을 유도한 원동력은 일부 사람들이 비트코인 같은 자유지상주의적 디지털 화폐를 추종하게 만들거나 공동체 화폐를 통해 지역 저항 네트워크를 구축하게 만든 원동력이기도 하다. 이윤을 위해 브랜드를 덧씌운 신뢰를 서비스의 하나로 제공하는 기업으로서는 이런 환경이 곧 기회다.

실제로 슐츠가 스타벅스를 미래의 디지털 화폐 발행인으로 제안하고 한 달이 지난 2018년 2월에 스타벅스의 경쟁사인 던킨 도너츠의 최고재무책임자 케이트 재스폰Kate Jaspon도 주주들에게 디지털 화폐를 이야기했다. 재스폰은 극단적으로 불안정한 시기에 기업을 이끌면서 직면하는 어려움에 대해 설명했다. 그녀는 지금은 한 치 앞을 내다볼 수 없는 시대라고 강조했다. 그리고 이런 시국에서는 다국적 커피 체인점들이 화폐 공급자로 나서는 것을 적어도 고려해야 한다고 주장했다. 그렇다면 기업의 리워드 프로그램을 통해서는 어떤 거래 대중이 탄생하게 될까?

●

국가 통화가 확립되기까지

여러 가지 돈이 치열한 경쟁을 벌이는 것이 일상인 세계가 지나치게 과장된 표현처럼 느껴지고, 국가 발행 화폐가 이미 너무나 당연한 것으로 느껴져서 달러·파운드·엔·유로가 아닌 돈을 상상하기 힘들 수도 있다. 그러나 오늘날 많은 곳에서 다양한 유형의 돈이 유통되고 있다는 것은 기정사실이다. 인류학자 제인 가이어Jane Guyer는 "아주 많은 보통 사람(예컨대 주류 경제 영역에 편입되지 않은 고객, 소비자, 시민, 노동자, 우여곡절이 많은 인생을 살아가는 사람)이 여러 연통화soft currency*와 현금으로 대변되는 경통화hard currency**에 의존하며 살아가고 있다"라고 지적한다.

　더 나아가 역사적으로 보면 복수의 사적인 돈이 나란히 유

● 　금 또는 외국 통화와 자유롭게 교환할 수 없는 통화다.

●● 　가치가 비교적 안정되어 있고, 국가간 거래에서 쉽게 허용되는 통화다.

통된 기간이 훨씬 더 길다. 역사가 리베카 스팽Rebecca Spang 은 프랑스에서 "1790년대에 거의 언제나 돈의 질이 돈의 양 만큼이나 중요했다"라고 말한다. 19세기에 국가 통화가 등장 하기 전에는 가난한 사람들은 개인 또는 지역이 발행하는 작 은 단위의 푼돈을 주로 썼다. 그나마도 현금을 쓸 때 그랬다 는 이야기다. 소규모 공동체에서 생활하는 가난한 사람들은 자신이 진 빚을 장부에 기록하는 것으로 대신했다. 어느 경우 에나 가난한 사람들이 쓰는 돈을, 예를 들어 금으로 바꿀 수 있는 은행 발행권 등 부자들의 돈으로 환전하기는 힘들었다.

이런 다원성은 정치학자 에릭 헬라이너가 계층적으로 분 화된 '위계화된 돈 질서'라고 설명한 것을 만들어냈다. 그런 돈의 위계질서에서 어떤 지위의 돈과 관계를 맺을 수 있는지 가 어떤 국가나 시민 공동체에 속하는지보다 훨씬 더 중요했 다. 19세기 말이 되기 전까지는 국민이라는 상상의 산물과 지리학적 영토를 하나로 엮은 '한 국가, 하나의 돈' 원칙을 완 벽하게 실천하는 국가는 존재하지 않았다. 국가 통화의 확립 은 꽤 대단한 성과였고, 그렇게 되면 민족국가의 주권을 대외 적으로 과시할 수 있었지만, 수십 년간 적잖은 노력을 들여야만 가능한 일이었다. 근대 계몽주의가 추구한 시민권 개념이 결제 수단으로 확장되기까지는 어느 정도 시간이 필요했다.

국가 통화가 확립되기 전까지는 온갖 것이 화폐로 유통되었다. 비비아나 젤라이저는 1870년부터 1930년까지 미국에서 일상의 돈이 어떤 형태를 띠었는지를 분석했다. 이 시기의 미국도 마찬가지로 "빈민층의 푸드 스탬프, 일반 소비자의 슈퍼마켓 쿠폰, 교도소 수감자의 배급표, 정신질환자의 상담 바우처, 군인의 군대 화폐, 도박꾼의 칩, 구내식당 식권, 기념일을 축하하는 상품권"이 유통되는 다원적인 화폐 시스템이 작동하고 있었다. 이런 돈들은 전혀 표준화되어 있지 않았다. 위조되거나 가짜인 경우가 많았고, 상대방을 속이는 데 사용되었으며, 국가 통화와 교환할 때는 액면가보다도 할인되었다. 남북전쟁이 발발하기 이전 미국의 도시 거주자에게 위폐 감별과 돈에 담긴 정보 해독은 생존을 위해 반드시 익혀야 하는 능력이었다.

미국 달러와 같은 국가 통화는 국가와 동일한 범위의 거래 공동체를 구현하기 위해 의도적으로 설계된 매스미디어 돈이다. 국가 통화는 시민들에게 개방된 공공 인프라이며 모든 거래에 사용할 수 있다. 모든 공적·사적 부채에 적용되는 법정 통화다.

●

돈은 끊임없이 변한다

1970년대 말에 디 호크는 신용카드 네트워크의 등장과 함께 돈이 정보로 환원될 것이고, 은행과 정부는 정보를 관리하는 기술을 장악한 집단에 의해 퇴출당할 거라고 예측했다. 그는 "이 모든 것에 디지털 화폐의 새로운 양식의 씨앗이 내재되어 있을 것"이라고 생각했다.

그의 예상대로 네트워크 기술의 발달은 돈을 민주화하려는 움직임으로 이어졌다. 1990년대부터 디지털 화폐는 사회적·정치적 변화를 이끌어내는 암호 기법과 테크놀로지의 잠재력에 관심이 있는 사람들의 상상력을 자극했다. 1992년에 조직된 사이퍼펑크스Cypherpunks의 회원들은 기술이 자유로운 미래 사회를 실현할 수 있으며, 디지털 화폐가 그 핵심 요소라고 생각했다.

자기 자신을 사이퍼펑크족이라고 부르는 운동가들은 디지털 화폐가 개인이 자신의 금융 정보와 거래 정보의 공개 여부를 선택할 권리를 보장해줄 것이라고 믿었다. 반면에 암호무정부주의자는 암호 기법으로 현재의 사회를 언론의 자유와 무정부주의적 자본주의 시장 체제를 수호하는 사회로 재편할 수 있다고 믿었다. 암호무정부주의자에게 디지털 화폐는 정부에서 해방된 화폐를 만들어내는 것을 의미했다.

20세기의 마지막 20년과 21세기의 첫 20년 동안 사이퍼펑크족과 암호무정부주의자의 비전을 토대로 디지털 화폐 시스템을 설계하고 도입하려는 시도가 몇 차례 있었다. 1985년에 컴퓨터공학자 데이비드 촘David Chaum은 "빅브러더를 완벽하게 무력화"할 것이라고 주장한 전자화폐 시스템을 제시했다. 1994년에는 사이퍼펑크스의 공동설립자인 팀 메이Tim May는 가상의 암호 기법을 제안했다. 1998년에는 컴퓨터공학자 웨이 다이Wei Dai가 익명으로 배분되는 전자화폐 시스템인 비머니B-money를 제시했다. 또 1998년에 닉 사보Nick Szabo는 컴퓨터가 희소한 디지털 재화를 채굴하는 시스템인 비트 골드bit gold를 제안했다.

지금까지 결실을 맺은 것은 하나도 없지만 그 이후에 등장한 디지털 화폐 시스템, 특히 2008년에 등장한 비트코인의 토대가 되었다. 인터넷의 지리학과 정치학은 디지털 화폐라는 개념으로 이어질 수밖에 없고, 인터넷은 돈의 가치를 전송하고 가치의 이동을 기록하는 일을 해내기에 적합하다. 그러나 인터넷이 할 수 없는 일도 있다. 바로 그런 가치를 보증하고 유지하는 일이다. 더 나아가 가치를 전송하고 보관하는 업무를 담당하는 인터넷 자체도 관리와 보수가 필요하다. 그럼에도 인류학자 키스 하트는 인터넷이 디지털 화폐에 미칠 영향력을 예견할 정도로 선견지명이 있었다. "돈의 형태는 끊임없이 변한다."

역사적으로 볼 때 여러 가지 형태의 돈은 예외라기보다는 원칙이었으므로 미래의 거래 공동체가 과거의 거래 공동체와 유사할 거라고 짐작하게 된다. 미디어학자 토머스 페티트Thomas Pettitt와 라스 올레 사우어버그Lars Ole Sauerberg는 구텐베르크 괄호Gutenberg parenthesis라는 이론을 정립했다. 이 이론에 따르면 구텐베르크가 1440년대에 활판 인쇄술을 발명한 후 꽃피운 인쇄 문화로 상징되는 시기인 근대라는 관넘은 돌연변이였다. 그들은 2000년대 이후 등장한 디지털, 네트워크, 소셜미디어는 르네상스 이전에 존재했던 일시적이고 관계적인 미디어 양식과 공통점이 많다고 주장한다.

●

리워드 프로그램이 만들어내는 거래 공동체

리워드 프로그램은 이미 돈이지만, 그것이 만들어낸 거래 공동체 내에서만 돈으로 인정받는다. 현재의 리워드 프로그램은 젤라이저가 특수한 돈이라고 부른 것의 예다. 국가 발행 화폐가 선물의 역할을 더 잘 수행할 수 있도록 상품권으로 바꾸듯이, 리워드 프로그램도 일반 유통 체계에서 특정한 목적을 위해 바뀐다. 우리는 달러를 지불하고 그 대신 리워드 포인트를 받는다. 이 새로운 돈은 이동과 평가 수단이 제한적이다. 리워드 프로그램은 새롭지만 제한적인 거래 공동체와 위계질서를 만들어낸다.

사회학자 브루스 카루더스Bruce Carruthers와 웬디 에스펄랜드Wendy Espeland는 돈의 흐름(돈이 어디에서 와서 어디로 가는지, 돈을 최초에 발행한 기관이 누구인지, 돈을 누가 어디에 무엇을 위해 사용할 수 있는지)과 사용처와 사용 주체와 사용 목적 등 돈의 사용이라는 맥락에서 돈의 특징이 도출된다고 설명한다. 리워드 포인트의 가장 두드러진 특징은 제한적이라는 것이다. 리워드 포인트의 가치도 제한적이다. 포인트는 범용이 아니다. 다른 사람에게 이전하면 일반적으로 수수료가 발생하고, 이전 자체가 불가능할 때도 있다. 포인트는 사용 기한이 있고, 발행 기업이 파산하면 흔적도 없이 사라진다. 리워드 포인트를 사용하는 사람들은 누가 적립했건 리워드 포인트에는 공통적으로 적용되는 소멸시효가 존재한다는 사실을 늘 염두에 두어야 한다. 리워드 포인트의 가치는 또한 매우 역동적이고, 발행 기업에 의해 정해지고, 특정 거래 목적에 치우쳐 있다. 기업은 언제든 포인트의 가치를 바꿀 수 있다. 이런 변동성 때문에 포인트를 사용하는 사람들 사이에는 일련의 계산적인 관행이 뒤따른다.

다른 돈들과 마찬가지로 리워드 포인트는 길을 찾는 도구다. 장소를 만들어내는 기능은 리워드 포인트가 어디에서 통하는지에 의해 결정된다. 거래 공동체는 보편적이기보다는 특수하고, 개방적이기보다는 폐쇄적이어서 눈에 보이지 않는 울타리로 둘러싸인 고유의 공간을 만들어낸다.

항공사 마일리지가 바로 그런 예다. 항공사 마일리지는 이 공항에서 저 공항으로 비행기를 타고 사업차 이동하는 사람들의 흐름과 카드 네트워크를 통과하는 돈의 흐름 사이에서 생성된다. 실제로 미국 뉴워크 리버티 국제공항에서는 공항에서 파는 모든 상품의 가격이 달러와 항공사 마일리지로 표기된다. 공항은 점점 현금이 결제 수단으로 인정되지 않는 장소가 되고 있다. 이미 거의 모든 항공사는 기내 거래에서 신용카드만을 결제 수단으로 받는다. 항공사 마일리지는 마일리지를 쌓을 정도로 자주 탑승하는 사람들이 사용한다. 탈영토화된 돈은 어디에나 있고 어디에도 없는 무장소의 장소를 표시하기 위해 재영토화된다.

그러나 리워드 포인트의 논리는 공항 밖에서도 적용된다. 리워드 프로그램은 다양한 경제 틈새에서 특히 큰 성공을 거두었다. 이런 결제 방식도 거래 공동체를 형성하고 반영한다. 화물차 휴게소 체인점은 영업용 화물차 운전사의 필요에 맞춘 전용 리워드 카드를 개발했다. 북미 전역을 가로지르는 고속도로에서 화물차 운전사는 포인트를 돈처럼 사용할 수 있다. 피고용인에게 발급되는 여느 리워드 카드처럼 화물차 운전사 리워드 카드는 근무 중 발생하는 비용을 포인트로 전환해 개인에게 보상한다.

화물차 운전사들은 "이 카드는 주유할 때 요긴하다. 이 카드를 사용하면 회사 돈을 써서 돈을 벌 수 있다"라고 말한다. 이런 리워드 포인트가 그리는 영토는 미국의 고속도로망과 북미자유무역협정NAFTA의 경계선과 겹쳐진다. 또 하나의 무장소의 장소인 화물차 운전사의 활동 영역이 지도에 표시된다. 어떤 리워드 프로그램은 회원 전용 할인 주유소 이용권을 제공한다. 영업사원이 출장 중에 성실하게 포인트를 관리해서 얻는 1등석 승객 전용 공항 라운지 이용권을 떠올리면 된다.

화물차 운전사들은 포인트로 지불하는 방법을 공유한다. 예컨대 포인트를 현금으로 전환하는 가장 간단한 방법은 화물차 중량 측정소에서 과적 딱지 벌금을 포인트로 지불하고 나중에 고용주에게 비용을 청구해서 달러로 돌려받는다고 조언한다. 화물차 운전사는 포인트를 "화물차 운전사를 위한 푸드 스탬프"로 표현한다. 이런 리워드 프로그램은 화물차 운전사의 선호를 반영할 뿐 아니라 운전사들의 경제 행위를 한정적인 행위로 규정한다. 고용주가 리워드 포인트에 대한 소유권을 행사하려고 시도한 사례도 있다. 이를테면 포인트를 업무 관련 비용에만 사용하게 하거나 세금 환급 신청 서류에 기타 수익으로 기록하게 하는 식이다. 어떤 회사는 운전사가 포인트를 마음대로 사용하게 놔두는 대신 포인트로 쉽게 구입할 수 있는 비품이나 샤워실 이용권 구매 비용은 보전하지 않는다.

화물차 운전사 리워드 프로그램은 미국 화물차 운전사의 경제생활에서 중요한 부분을 차지한다. 한 운전사는 화물차의 주요 부품 교체 비용에서 20달러를 제외하고 모두 포인트로 처리했다고 한다. 또 다른 운전사는 포인트 덕분에 "여러 번 위기를 넘겼다"고 설명하면서 유효기간이 얼마 안 남은 포인트로 다른 운전사의 휴게소 샤워실 이용권을 충전해주었다고 했다. 화물차 운전사 리워드 프로그램은 경제 주체로서 화물차 운전사의 지위와 그들의 거래 공동체를 공식화한다. 이들 거래 공동체는 새로운 제한적인 위계질서를 만들어낸다. 당연한 이야기지만 무엇보다 꽤 공개적인 지위를 부여한다.

리워드 프로그램은 황금 수갑

마케팅 교수 그자비에 드레즈Xavier Drèze는 지위에 대한 사람들의 인식을 연구해서 기업의 리워드 프로그램 설계를 돕는다. 그는 계층에 대한 자신의 연구 결과를 이렇게 설명했다. "10~15년 전만 해도 골드카드는 아주 특별한 것이었다. 지금은 골드카드보다 높은 지위를 부여하는 플래티넘카드가 아니면 눈길조차 주지 않는다. 시간이 지날수록 더 많은 고객이 지위를 원한다. 마케터들은 계급을 집단별로 차별화할 방법을 찾아야 한다." 기업이 만들어낸 리워드 프로그램은 필연적으로 지위 인플레이션이라는 문제를 겪게 된다.

지위는 언제나 차별적이고 관계적이다. 그러나 지위에도 더 높은 지위가 있고 더 낮은 지위가 있다. 주류 경제에서 가난한 사람은 리워드 경제에서도 지위를 보장받지 못한다. 리워드 포인트에 더 많이 의존할 수도 있다. 리워드 프로그램에서 화물차 운전사의 지위는 불안정하다. 화물차 휴게소 샤워실 이용권은 비행기 우선 탑승권보다 기초적인 필요를 충족하는 서비스이기 때문이다. 가난한 사람은 포인트 발급 기업이 포인트를 무효화해도 속수무책으로 당할 수밖에 없는 취약한 처지에 놓여 있다.

이 모든 지위는 리워드 프로그램의 다른 모든 것처럼 족쇄가 된다는 특징이 있다. 드레즈는 리워드를 황금 수갑이라고 부른다. 회원이 서비스에 불만이 있을 때조차도 계속 고객으로 남도록 구속하기 때문이다. 한 블로거는 "유나이티드 항공사 비행기를 탈 때마다 아메리칸 항공사 비행기가 너무 타고 싶어진다. 그리고 최고 등급을 받으려면 앞으로도 몇 개월은 계속 유나이티드 항공사 비행기를 타야 한다는 생각만 하면 우울하다"라고 적었다. 그러나 이 블로거의 표현을 빌리자면 그는 이민을 계획하고 있었다. "일단 최고 등급을 받으면 아메리칸 항공사에서도 같은 등급을 요구할 수 있다. 그러니까 아메리칸 항공사에서도 최고 등급 서비스를 받게 된다."

차별화된 거래 공동체라는 미래상은 비트코인에서 출발했다. 비트코인 지지자들은 공상과학 소설가 닐 스티븐슨Neal Stephenson의 소설을 언급한다. 스티븐슨의 소설 중에서도 특히 큰 인기를 얻은 『다이아몬드 시대Diamond Age』에서는 세계가 영토 국가로 나뉘어 있지 않다. 국가는 파일리phyles, 즉 인종, 가치관, 종교, 문화 취향이 같은 사람들이 모인 부족으로 대체되었다. 파일리는 한 지역을 차지하거나 지리적 경계 내에 있지 않는다. 파일리는 국가가 아닌 민간 조직 독립체이며 과점 기업의 통치를 받는다. 다른 파일리 출신 구성원과 교환할 수 있는 전자화폐가 존재하지만, 각 파일리는 자체 전자화폐 시스템과 경제 규범을 따른다. 비트코인 공동체의 한 지도자는 "닐 스티븐슨은 이미 모든 걸 꿰뚫어보고 있으니 소설가라기보다는 예언자에 가깝다"라고 말했다.

우리가 주권 국가의 시민이 아닌 지리를 초월한 민간 거래 공동체의 구성원인 탈민족국가화된 세계가 상상이 되는가? 아마도 힘들 것이다. 그러나 우리는 이미 결제 시스템의 계층화와 계층화된 거래 공동체의 탄생을 목격하고 있는지도 모른다. 이런 틈새 거래 화폐는 국적과 나란히 또는 국적 내부에서 작동하는 틈새 거래 정체성을 만들어낸다.

돈은 과거에도 다원적이었고 미래에도 다원적일 것이다. 그런 돈이 만들어내는 거래 정체성도 마찬가지다. 단 하나의 거래 공동체에 속하는 대신 우리는 여러 가지 돈을 쓰고 환전하면서 다양한 거래 정체성을 표출한다. 인류학자 메릴린 스트래선Marilyn Strathern이 말했듯이 우리의 돈처럼 우리도 "그것이 만들어내는 복수의 합성된 관계가 실행되는 현장"이 될지도 모른다. 우리의 디지털 지갑이 여러 형태의 돈을 담은 일종의 포트폴리오이듯이 우리의 정체성도 여러 형태의 돈과 연결된 포트폴리오가 될 것이다.

•

데이터가 만든 고객 맞춤 프로그램

소셜미디어처럼 리워드 프로그램도 우리를 감시한다. 스마트 폰의 등장으로 리워드 프로그램은 전성기를 맞이했을 뿐 아니라 기업도 더 많은 수익을 올릴 수 있게 되었다. 기업은 게임, 계층 세분화, 이벤트성 보상 등으로 실험하면서 어떤 것이 구매 행위를 부추기는지 알아낸다. 또한 앱은 위치 데이터를 활용해 상점 근처로 온 고객에게 그 사실을 알리거나 보상을 제공할 수도 있고, 단골 고객들의 상점 방문 정보를 수집할 수도 있다. 기업들은 데이터 수집 행위를 고객에게 더 좋은 경험을 제공하기 위한 노력의 일환이라고 포장한다.

이를테면 스타벅스는 리워드 프로그램 회원에게 가장 좋아하는 음료를 추천하고 모바일 앱에서 위치 정보를 알려달라고 부탁한다. 겉으로 내세우는 목적은 고객 맞춤 리워드와 더 나은 구매 경험을 제공하는 것이다. 그러나 무료 음료 몇 잔을 선물해주고 고객에게서 얻은 이런 소중한 데이터는 다른 곳으로 유통된다. 스타벅스의 제휴 업체와 공유되고, 마케팅과 고객 관리 참고자료로 활용되며, 고객이 돈을 더 많이 쓰도록 유도하는 방법을 개발하는 근거 자료가 된다.

탄탄한 리워드 프로그램을 운영하는 브랜드는 그 프로그램을 데이터 수집 도구로 여긴다는 사실을 숨기지 않는다. 스타벅스의 리워드 프로그램을 감독하는 브래디 브루어Brady Brewer는 2010년에 "우리는 고객이 누구이고, 고객이 무엇을 좋아하는지를 반영한 고객 맞춤 프로그램을 설계했다. 그런 맞춤 서비스는 데이터 분석에서 시작한다"라고 말한다. 잘 설계된 리워드 프로그램은 기업이 고객의 기억을 축적하는 것을 돕는다. 기업은 고객에게 개인 맞춤형 브랜드 경험을 제공하기 위해 고객의 선호도, 프로필, 구매 이력을 활용한다.

마케팅 회사 머클 로열티Merkle Loyalty에서 리워드 프로그램 회원 1,000명을 대상으로 실시한 설문조사에서는 회원이 개인 맞춤 보상(이 브랜드는 내게 쓸모 있는 보상을 제공한다), 공감(이 브랜드는 나를 이해한다), 기억에 남는 순간(이 브랜드는 내게 멋진 추억을 만들어준다)을 가장 중요하게 여기는 것으로 밝혀졌다. 리워드 프로그램 때문에 기업이 고객을 아주 잘 알고 있는 것처럼 보일 수도 있다. 적어도 그들은 고객의 데이터를 아주 활용하고 있다는 것을 알 수 있다.

리워드 프로그램은 화물차 운전사를 위한 푸드 스탬프이고, 화물차 운전사는 실제로 복지 수당을 받는 사람들처럼 거래 감시와 통제의 최우선 대상자인지도 모른다. 캐런 레비Karen Levy는 화물차 운전이 감찰을 많이 당하는 직업 중 하나라고 지적한다. 리워드 프로그램과 연계된 신용카드의 발급인에게 기업 차량 관리자는 특히 중요한 사람이다. 차량 관리자가 많은 수의 화물차를 대신해서 리워드 프로그램을 선택할 수 있는 권한이 있기 때문이다.

또한 기업 차량 관리자는 대체로 운전사의 거래 데이터에 대한 접근권을 가지고 있다. 이 데이터에는 연료의 종류와 단위당 비용 정보도 나온다. 거래 데이터에는 위치도 포함되므로 1킬로미터당 연료비와 1갤런당 주행거리를 짐작할 수 있다. 어떤 리워드 프로그램은 운전사가 주행거리 같은 부가정보를 입력해야만 휴게소에서 포인트로 구매가 가능하도록 해서 더 많은 데이터를 모으기도 한다. 기업 차량 관리자는 운전사를 감독하는 것 외에도 리워드 카드로 결제 가능한 금액이나 장소를 제한하는 식으로 리워드 카드를 통해 운전사를 직접적으로 통제하기도 한다.

●

리워드 프로그램이 변경된다면

고객이 리워드 프로그램의 통제와 감시에 불만이 있으면 어떤 조치를 취할 수 있을까? 실은 할 수 있는 것이 별로 없다. 리워드 포인트는 고정된 가치가 없고 리워드 프로그램이 수정되거나 재출시되면 언제든 그 가치가 달라질 수 있다. 화폐 시스템은 적어도 이론상으로는 민주주의 원칙을 따른다. 실제로도 미국이 국가 통화를 확립하는 과정에서는 화폐를 어떻게 관리할지, 어떤 국가 이미지를 지지할지, 어떻게 조정할지를 두고 치열한 토론이 벌어졌다.

그런데 소비자가 스타벅스의 시민인 것처럼 행동할 수 있을까? 리워드 프로그램은 유동적이고 일관성이 없다. 중단되거나 다른 프로그램에 병합되거나 전혀 다른 프로그램으로 수정될 여지가 얼마든지 있다. 소비자가 리워드 프로그램이 자신에게 불리한 쪽으로 내용이 변경될 때 이를 막을 유일한 도구는 아마도 소셜미디어일 것이다. 스타벅스가 2012년에 리워드 프로그램을 수정했을 때 소비자의 불만이 터져나왔다. 리워드 프로그램의 핵심 혜택을 되돌려 놓으라고 요구하는 온라인 청원에 1,000명이 서명했고, 회원들은 스타벅스의 블로그·페이스북·소셜미디어에 짜증 섞인 댓글을 남겼다. 리워드 프로그램의 내용이 변경되면 경제적인 어려움에 빠질 수도 있고, 프로그램으로 얻는 수익을 영영 잃을 수도 있기 때문이다.

리워드 프로그램은 복잡하게 얽히고설킨 여러 법의 규제를 받는다. 대기업은 기업의 법적 책임을 최소화할 수 있도록 적극적으로 법적 자문을 구한다. 미국 법에서는 리워드 포인트를 쿠폰이나 경품권처럼 '법적 의무를 표시한 화폐'로 규정한다. 리워드 포인트는 발급인의 약속을 표기한 계약서의 일종이며, 일정한 가치로 상환된다. 그러나 포인트의 소유권은 여전히 발급인에게 있다. 그래서 발급인은 계약서에 명시한 범위 내에서 포인트의 상환이나 이전에 조건을 붙이고 그 조건을 마음대로 바꿀 수 있다.

리워드 프로그램이 만들어낸 의무의 이행을 민사법뿐만 아니라 형사법으로 강제할 수 있을 때도 있다. 예를 들어 2014년 담배 회사 R. J. 레이놀즈R. J. Reynolds에서 출시한 카멜 캐시 리워드 프로그램이 있었다. R. J. 레이놀즈가 이 프로그램을 중단하기로 결정하자 캘리포니아주 회원들은 집단소송을 걸었고 승소했다. 카멜 캐시 카탈로그 최종호에서 그동안 회원들에게 제공한 상품 품목을 전부 삭제하고 담배 상품만을 게재했기 때문이다. 그러나 법적으로 리워드 포인트는 돈이나 수표나 은행권 같은 유통 증서처럼 엄격한 법적 지불 책임이 부과되지 않는다. 법이 개입해 카멜 캐시 리워드 프로그램의 회원을 보호했지만, 이 프로그램이 회원에게 불리하게 변경될 때마다 그럴 수는 없다.

미국은 오래전부터 현금이 부족할 때면 스탬프, 가증권, 쿠폰 같은 상품을 국가 발행 화폐의 대용품으로 사용해왔다. 19세기 미국에서는 채굴·벌목 회사가 노동자에게 임금 대신 기업 가증권을 발행하는 것이 관행이었다. 가증권은 회사 매점에서만 통용되었으므로 노동자들은 종종 높은 이윤을 붙여 파는 매점에서 물건을 구매해야만 했다. 이런 관행은 과거만의 이야기가 아니다. 2008년 멕시코 대법원은 월마트가 직원들에게 임금 대신 월마트에서만 쓸 수 있는 바우처를 지급하는 것은 불법이라고 판결했다. 소비자에게는 리워드 포인트가 실질적인 가치를 지니지만, 그 가치가 변경되었을 때 소비자는 기업에 항의하는 것 외에는 할 수 있는 일이 거의 없다.

●

공동체 경제를 살리는 리워드 프로그램

경제학자 마이클 터너Michael Turner는 "리워드 프로그램은 미국 경제의 섬유"라고 말하면서 "리워드 프로그램은 씨실과 날실 모두에 깃들어 있다. 시간이 흐르면서 완전히 스며들었고 인기를 얻었다. 실제로 여행, 쇼핑, 식료품, 신용 등 소비자가 리워드 프로그램을 원하지 않는 예를 떠올리기가 어려울 정도"다. 모든 것에 포인트가 붙는 것처럼 보인다. 대마초 판매 산업조차도 소매업자와 소비자에게 리워드 프로그램을 제공하는 플랫폼을 이용한다. 그런 리워드 프로그램은 대마초 개인 판매자가 자신의 고객 집단에 맞춰 리워드 프로그램을 재설계하는 것을 허용하는 한편 고객의 데이터를 수집해서 소매업자에게 피드백을 준다.

그러나 리워드 프로그램이 점점 더 흔해지면서 규제 기관도 리워드 프로그램을 더 엄격하게 감독하기 시작했다. 2015년 미국 소비자금융보호국의 보고서에 따르면 "많은 소비자에게 리워드는 어떤 신용카드를 발급받을지, 어떻게 신용카드를 사용할지를 결정하는 중심 요소"가 되었다. 또한 리워드 프로그램의 약관 규정이 불투명하면 소비자가 약관 내용을 제대로 이해하기 힘들 수 있다고 경고했다. 2017년 미국 은행협회는 소비자금융보호국에 보낸 서신에서 투명성 확대, 윤리적인 광고, 포인트 박탈시 충분한 해명 등 신용카드 리워드 프로그램이 반드시 지켜야 하는 기본 지침을 제안했다. 그러나 연방정부 차원에서 리워드 포인트에 대한 규제에 얼마나 진전이 있을지는 불투명하다.

오늘날 리워드 프로그램은 익숙한 구조를 따르는 경향이 있다. 카드사는 신용카드 리워드 프로그램의 운영 비용을 수수료로 충당하고 이 수수료는 다수의 가맹점이 부담한다. 이와 달리 스타벅스 같은 기업은 거래 전체가 스타벅스 내에서 이루어지는 시스템을 만들었다. 리워드 포인트라는 돈은 결국 무료 음식과 무료 음료이므로 스타벅스 리워드 프로그램은 수수료를 부과해서 비용을 충당하는 게 아니라 아예 처음부터 비용이 발생하지 않도록 한다. 더 나아가 스타벅스는 시스템을 통해 고객의 거래 데이터도 수집한다. 이 데이터는 표적 마케팅 등 다용도로 활용된다. 다른 상인들도 수수료가 발생하지 않고, 고객 데이터를 수집할 수 있고, 고객의 충성도를 높이는 리워드 시스템을 마련하고 싶어 한다.

새로운 리워드 프로그램의 모델은 아직 완성되지 않았다. 어떤 모델은 공동체 화폐를 연상시키는데, 리워드 포인트의 영역을 명시적으로 특정 지역에 한정한다. 또 다른 모델은 리워드 포인트를 다른 돈과 호환이 가능하면서 소매업체에서 널리 통용되는 보편적인 결제 수단으로 전환하고자 한다. 그러나 보편성을 추구하려고 하면 리워드 프로그램의 제한적인 속성이 늘 걸림돌로 작용한다.

새로운 돈 중 일부는 공간과 장소를 표시하는 돈의 능력을 지나치게 강조한다. 장소 중심 리워드 프로그램은 지역화폐와 마찬가지로 그 지역 경제에 묶인 거래 공동체를 만들려고 노력한다. 유동 인구의 급격한 감소에 대항하고자 스타우드Starwood와 사이먼Simon 같은 대형 쇼핑몰업체들은 쇼핑몰 전체에서 이루어지는 구매 이력을 추적하고 쇼핑몰에 입점한 모든 상점에서 통하는 포인트를 지급하는 리워드 프로그램을 도입했다. "우리 쇼핑몰을 방문하는 고객에게 쇼핑몰에 와야 할 이유를 하나 더 제공하는 기회로 삼고자 한다." 사이먼의 마케팅 부회장인 에드 비토리아Ed Vittoria가 『시카고트리뷴』과 인터뷰에서 한 말이다. 그는 쇼핑몰 입점 매장들이 "이로 인한 유동 인구 증가를 환영했다"라고 덧붙였다.

미국 샌프란시스코의 부자 동네 버널 하이츠Bernal Heights는 긴 공동체 운동의 역사를 갖고 있다. 이 지역은 리워드 프로그램을 한 단계 발전시켜 최초의 디지털 화폐로 언급되는 지역화폐인 버널 벅스Bernal Bucks를 만들었다. 지역 신용조합이 발행한 선불식 직불카드를 사용하면 소비자는 참여 소매업체에서 결제한 비용의 5퍼센트를 버널 벅스로 돌려받는다. 버널 벅스는 가정에서 10달러 단위로 출력해 소매업체에서 현금처럼 사용할 수 있다.

리워드 포인트 사용을 지역으로 한정함으로써 버널 벅스는 기존 공동체와 지역 경제를 암호화하고 보호하는 일종의 '재정 지역주의'를 만들어냈다. 따라서 버널 하이츠가 긴밀한 공동체, 샌프란시스코에서 가장 이웃 같은 이웃, 더 나아가 악명 높다고 할 만큼 배타적이라고 묘사되는 것도 당연하다. 버널 벅스는 어떤 면에서는 보수적이다. 소중한 것을 지키고 그 외의 모든 것을 배척한다.

이 프로그램이 반드시 참여 소매업체에 이익이 되는 것이 아닌데도 이 지역 상점들은 고객이 지역 신용조합 직불카드를 사용할 때마다 더 높은 수수료를 부담하고 버널 박스를 돈 대신 받아야 한다. 그러나 버널 하이츠의 많은 주민이 이 카드를 사용한 경험이 긍정적인 효과가 있다고 말한다. 한 지역 블로거는 이렇게 말했다. "솔직히 그 카드로 구매할 때마다 엔돌핀 주사를 맞는 것 같다. 내 카드를 상인에게 건네는 행위가 지역 상점을 지지하는 의도적인 임비YIMBY를 완성하기 때문이다."

●

포인트를 해방시키라

한편에서는 리워드 프로그램이 어디서나 통용되는 화폐로 자리매김하고 있다. 화장지부터 자동차까지 거의 모든 것을 파는 아마존닷컴은 거의 모든 품목에 대해 현재 아메리칸 익스프레스, 시티뱅크, 디스커버 이스케이프, JP 모건 체이스의 리워드 포인트를 결제 수단으로 받고 있다. 아마존닷컴에서 발급하는 리워드 비자카드를 사용하는 고객은 결제를 할 때마다 포인트도 받는다. 마찬가지로 포인츠페이PointsPay 같은 기업은 어느 상점이나(영세 상인조차도) 여러 리워드 프로그램의 포인트를 결제 수단으로 받을 수 있는 소프트웨어를 제공하는데 이를 통해 '포인트를 해방시키라'고 홍보한다.

마스터카드는 카드 발급인에게 마스터카드 자체 리워드

포인트 프로그램을 사용하도록 허락한다. 이 프로그램에서 지급받은 포인트는 다양한 참여 소매업체에서 돈 대신 쓸 수 있다. 여러 소매 부문을 하나로 묶어서 리워드 포인트를 소비자의 일상생활에 깊이 관여하고 사용처가 광범위하고 유연한 유사 화폐로 만드는 것이 목표다.

연합 리워드 프로그램은 회원의 라이프스타일 전체를 아우를 수 있는 여러 브랜드가 참여해서 연합 리워드 포인트를 지급하도록 설계되었는데 아직까지 성과는 반반이다. 아메리칸 익스프레스의 리워드 프로그램 플렌티Plenti에는 한때 메이시스(백화점), 라이트 에이드(약국 체인점), 칠리스(패밀리 레스토랑), 엑슨모빌(주유소), AT&T(통신사), 엔터프라이즈(렌터카) 등 미국 전역에 진출한 잘나가는 브랜드들이 참여했다. 그러나 3년 만에 프로그램이 종료되었다.

미국인의 쇼핑 패턴은 거주 지역에 집중되는 경향이 있다. 그러다 보니 플렌티에 참여한 어중간한 소매업자들이 각 고객의 단골 상점이 될 가능성은 낮았다. 연합 리워드 프로그램의 중심 역할을 할 브랜드가 없다 보니 소비자의 참여도가 낮았고 결국 제휴 브랜드들은 프로그램을 탈퇴하고 자체 리워드 프로그램을 마련했다. 그러나 3~4개의 대규모 연합 리워드 프로그램은 아직도 성공적으로 운영되고 있다. 연합 리워드 프로그램이 점점 더 큰 인기를 얻는다면, 고객을 라이프스타일 브랜드 선호도에 따라 분류하고 새로운 시장 세분화로 이어질 수도 있다.

상호 운영성과 보편성이 중요해지면서 암호화폐와 블록체인을 언급하는 리워드 프로그램도 생겨났다. 일본의 최대 소매업체 라쿠텐Rakuten은 최근 '라쿠텐 코인'을 지급하는 리워드 프로그램을 출시했다. 라쿠텐 코인은 모든 라쿠텐 제휴 상점에서 통용되는 암호화폐다. 또한 스타벅스는 블록체인 기반 리워드 시스템을 실험 중이라고 알려져 있으며, 여러 SNS가 자체 암호화폐를 개발하고 있다고 전해진다.

그러나 광범위한 디지털 결제 인프라를 갖춘 스타벅스 같은 기업이나 페이스북 같은 소셜미디어 플랫폼이 디지털 결제 서비스를 제공하기 위해 블록체인이나 암호화폐를 도입할 필요는 없어 보인다. 커뮤니케이션학자 낸시 바임Nancy Baym과 앤드리아 앨러콘Andrea Alarcon이 말한 것처럼 블록체인이 실제로는 관심, 전문가, 자본을 끌어들이는 소집 기술 역할을 한다. 블록체인은 기업의 기획에 혁신의 분위기와 스릴과 변혁의 조짐을 더해준다. 그런 의미에서 블록체인은 견고한 요새와도 같은 기업이 겉으로는 개방적이고 투명해 보이는 개인 간 결제를 지지하는 척하면서 철저히 기업의 이윤에 좌우되고 고객이 기업의 선의에 의존하게 만드는 폐쇄 루프 시스템을 만들어낼 수 있도록 돕는 '트로이의 목마'라고 할 수 있다.

●

돈의 힘

리워드 프로그램이 새로운 돈의 대표 주자라는 주장이 가능하듯이, 페이스북이 소셜미디어 돈의 대표 주자라고 주장할 수도 있다. 2019년 6월에 페이스북은 자체 개발 중인 디지털 화폐 리브라를 공개했다. 페이스북은 이미 꽤 오래전부터 자체 결제 서비스를 시장에 안착시키려고 노력했고, 그 무렵에는 골드만삭스부터 터키의 농부에 이르기까지 블록체인에 열광했기 때문에 그다지 놀라운 소식은 아니었다. 그러나 적어도 페이스북이 배포한 홍보 영상에 따르면 리브라는 기존의 시도들보다 훨씬 더 야심찬 실험이다.

리브라는 보편적이고 국제적인 기축통화, 즉 전 세계에서 통용되는 돈을 지향한다. 위챗, 벤모, 리워드 포인트 프로그램 등 민간 거래 공동체들이 틈새시장과 세분화된 시장이라면 리브라는 국가 통화와 결제 시스템의 차이를 덮어버리고 은행과 거래를 하건 안 하건 돈의 모든 사용자를 한데 모으고자 한다. 소셜미디어가 매스미디어가 되는 것이다.

비트코인 같은 암호화폐와 달리 리브라는 시장 중심 자유지상주의 철학에 뿌리를 두고 있지 않다. 암호화폐 지지자들은 거래 당사자가 아닌 중개인과 통제 체제에서 해방된 세계를 꿈꾸는 반면 리브라는 그런 중개인과 통제 체제를 기꺼이 받아들인다. 국가 통화는 민주적 통치 질서의 대상인 반면 리브라는 통화정책과 인프라라는 측면에서 기업이 관리하도록 설계되었다.

국가 통화가 자유민주주의를 대변하고 비트코인이 기술적 자유주의와 무정부주의적 자본주의의 조합을 대변한다면 리브라는 실리콘밸리식 봉건주의를 대변한다. 다시 말해 리브라의 통화정책과 인프라는 원탁의 기사들을 연상시키는 대

기업 회원들로 구성된 리브라협회가 관리한다. 이것은 개인 대 개인의 테크놀로지가 아니다. 오히려 계급을 부여하는 테크놀로지다.

리브라가 공개되었을 때만 해도 엄청나게 대담한 승부수처럼 보였다. 또한 필연적으로 도래할 미래처럼 느껴졌다. 2018년 하워드 슐츠는 기업이 주도하는 디지털 화폐라는 비전을 제시하면서 신뢰를 강조했다. 신뢰가 화폐 발행의 열쇠라면 페이스북은 결코 화폐 발행인이 될 수 없다. 그러나 돈은 신뢰가 아니라 어디든 갈 수 있는 유통망에서 나온다. 페이스북은 전 세계에 흩어져 있는 수십억 개의 스마트폰에 탑재되어 있으므로 사용자가 새로운 화폐를 받아들이도록 강제하는 독특한 힘을 지니고 있다.

신뢰가 아닌 이런 강제는 돈의 기원에 대한 몇몇 가설의 핵심 요소다. 인류학자 데이비드 그레이버David Graeber는 이렇게 설명했다. 자원이 부족하면 중세의 군주는 곧장 신하들을 마을로 보냈다. 재수 없이 걸린 사람에게서 필요한 것을 빼앗은 뒤 그 재화의 가치를 기록한, 개암나무로 만든 막대기를 던져주면 그만이었다. 이런 세금 기록용 막대기는 군주가 백성에게 진 부채를 나타냈다. 백성은 그 막대기를 교환권으로 사용했다.

막대기가 여러 손을 거치면 돈이 되었다. 왕의 부채가 거래 공동체의 결제 수단이 된 것이다. 그러나 백성으로서는 강제로 거래를 당할 때의 충격은 떨쳐내기가 힘들다. 그레이버는 중세의 유행시를 인용해 그런 관습을 묘사했다. 이 시에서 양치기는 왕이 자신의 소를 전부 빼앗아 도살해놓고서 자신에게 나무 막대기 하나만 지급했다고 애통해한다. 페이스북은 우리에게 무엇을 던져줄 것인가?

물론 리브라의 등장은 우리가 생각했던 것만큼 불가피한 일은 아니었는지도 모른다. 리브라 파트너십의 핵심 멤버들이 탈퇴했고 현재 리브라 프로젝트는 동력을 잃은 듯 보인다. 그러나 2019년 페이스북은 비교적 조용히 페이스북페이라는 새로운 계획을 발표했다. 리브라만큼 대담한 프로젝트는 아니지만, 페이스북이 규제나 대중의 비판에 좌절하지 않고 결제 시스템에 대한 도전을 계속 이어나갈 수 있게 해주었다. 여전히 돈에는 힘이 있다.

돈의 미래

•

두 도시 이야기

2009년 차이나 미에빌China Mieville이 발표한 장편소설 『이중 도시』는 베셀과 울코마라는 두 도시가 한 공간을 동시에 점유하는 기이한 세계를 그리고 있다. 두 도시는 같은 공간을 차지하고 있지만 별개의 장소다. 동유럽 어딘가로 짐작되는 베셀과 울코마는 서로 뒤섞이지 않은 채, 완벽하게 겹쳐져 있으면서도 눈에 보이지 않는 방식으로 분리되어 있다. 왜, 어떻게 이 두 도시가 함께 있게 되었는지에 대한 설명은 없지만,

소설에서는 두 도시의 현실을 묘사하고 있다.

각 도시의 시민들은 태어날 때부터 다른 도시와 다른 도시의 시민들을 보지 않는 법을 배운다. 다른 도시와 완벽하게 분리된 채 한 도시에서만 살아가도록 훈련받는다. 베셀과 울코마에서 다른 도시의 경계를 침범하는 행위는, 그것이 아무리 실수였다고 하더라도 살인보다 심각한 범죄로 규정된다. 각 도시는 그 도시만의 고유한 특징이 있다.

베셀의 시민들은 커피를 마시고, 울코마의 시민들은 차를 마신다. 베셀은 키릴문자와 비슷한 34개의 글자로 이루어진 알파벳을 쓴다. 울코마에서는 로마 알파벳을 쓴다. 그리고 당연히 각 도시는 그 도시에서만 통용되는 화폐를 사용한다. 베셀 시민과 울코마 시민은 걸음걸이, 몸짓, 결제 수단을 통해서도 구별할 수 있다. 돈은 개별적인 이들 두 세계의 경계를 유지하는 장치 중 하나다.

『이중 도시』는 판타지 소설이다. 그리고 아주 훌륭한 범죄 소설이라는 점도 덧붙이고 싶다! 그런데 도시에서 실제로 경험되는 일상을 과장한 판타지다. 우리는 우리가 보면 안 되는 사람과 장소를 보지 않도록 훈련받는다. 미에빌은 2012년 올림픽에 대해 쓴 에세이에서 런던을 많은 도시가 공존하는 공간으로 묘사한다. 미에빌이 묘사한 런던은 올림픽 지지자와 반대자, 시위대, 이민자, 브렉시트Brexit 지지자, 부동산 투기꾼, 야생 여우와 잉꼬, 유령들의 도시다. 관광객들은 지정된 길로만 다닐 수 있고, 그 길은 강박적으로 계획되고 통제된다. 우리는 모두 이런 도시 속 도시에서 산다. 다만 미에빌이 묘사한 런던은 베셀과 울코마처럼 완벽한 엇박자가 아니라 도시들이 한데 뒤엉켜 불협화음을 내는 도시다.

그러나 현실에서 다른 세계를 세세하게 들여다보지 않고 외면하는 일은 은연중에 진행되기도 한다. 돈은 그런 세계의 경계를 세우고 기록한다. 나는 내 본보이 신용카드나 본보이 포인트로 쉐라톤 호텔과 스타우드 우수 고객 프로그램 제휴 호텔과 본보이 호텔에 방을 예약할 때면 회원 전용 전화번호나 홈페이지를 이용한다. 나는 회원을 위해 별도로 책정된 호텔 숙박비를 지불한다. 호텔 직원들은 나에게 차별화된 환영 서비스를 한다. 회원 전용 층의 방을 배정받기도 한다. 때로는 비회원 고객과는 다른 아침 식사와 무선인터넷망을 제공받는다.

화물차 휴게소도 마찬가지다. 화물차 운전사가 아닌 자가용 운전사는 트럭 운전사 전용 리워드 무인 단말기가 있다는 사실조차 모른다. 슈퍼마켓도 마찬가지다. 어떤 손님은 따뜻한 통닭구이가 아닌 차가운 통닭구이를 장바구니에 담는다. EBT 카드로는 따뜻한 통닭구이를 결제할 수 없기 때문이다. 이런 공간과 그 공간 내에 감춰진 거래 공동체는 미에빌이 말한 둘로 나누어지지는 않지만 어느 정도 겹쳐져 있다.

●

모든 것의 앱, 위챗

2017년부터 시저스 엔터테인먼트Caesars Entertainment가 소유한 라스베이거스의 리조트와 카지노에서 중국인 손님은 현금이나 카드가 없어도 위챗으로 결제를 할 수 있게 되었다. 위챗으로 호텔을 예약하고(10퍼센트 할인도 받는다) 커피를 사고 루이뷔통 가방을 사고 브리트니 스피어스Britney Spears 콘서트 표를 사는 등 모든 것을 할 수 있다. 위챗으로 할 수 없는 것은 오직 도박뿐이다.

이른바 '모든 것의 앱'이라고 불리는 위챗은 중국에서 그 야말로 모든 것에 이용된다. 위챗 사용자는 친구에게 메시지를 보내고 새로운 인맥을 구축하고 사진과 동영상을 올리고 신문기사를 읽고 게임을 하고 음식을 주문하고 공과금을 내고 병원 진료 예약을 하고 비자를 신청한다. 정부 발행 신분증을 업로드해서 앱으로 실물 신분증을 대신할 수도 있다.

테크놀로지와 미디어학자 벤 톰프슨Ben Thompson은 이렇게 설명한다. "어느 모로 보나 위챗이 곧 당신의 휴대전화다. 다른 어느 곳보다 중국에서는 더더욱 그렇다. 당신의 휴대전화는 당신의 모든 것이다. 다른 어느 나라에서도 이에 비견될 만한 것을 찾을 수 없다. 라인LINE도, 왓츠앱WhatsApp도, 당연히 페이스북도 상대가 안 된다."

시저스 엔터테인먼트의 국제 마케팅 부회장 브루스 보마리토Bruce Bommarito는 『라스베이거스 리뷰 저널』과 인터뷰에서 "우리가 이런 서비스를 제공하는 이유는 중국 고객이 이곳을 집처럼 느끼길 바라기 때문이다"라고 말했다. 중국 관광객에게는 위챗이 집이다. 실제로 라스베이거스에서 휴가를 보내는 동안 미국 달러를 만져볼 일이 없다. 중국의 거래 공동체를 떠난 적이 없다고 말할 수 있을 정도다.

라스베이거스만이 아니다. 위챗페이는 현재 전 세계 47개 국에서 통용되고 있고, 위챗페이의 모회사인 텐센트Tencent 는 공격적으로 사업을 확장하고 있다. 위챗이라는 거래 공동 체는 글로벌 기업 간 공식적인 파트너십 없이도 사업을 확장 할 수 있다. 내가 사는 곳의 중국 식당은 위챗으로도 음식값 을 받는다. 위챗 모멘트moment●에 중국 유학생이 좋아할 만 한 특별 메뉴를 중국어로 올리기도 한다. 버지니아주 중부의 어느 작은 식당에서는 돈이 위챗을 통해 중국 은행 계좌에서 중국 은행 계좌로 이동한다. 단 한 번도 중국이라는 거래 공 동체를 떠나지 않은 셈이다.

공통의 문화적 취향에 따라 구성되고 고유한 화폐 체계와 경제 법칙을 따르는 공동체 파일리가 등장하는 닐 스티븐슨 의 『다이아몬드 시대』도 공상과학 소설이다. 그러나 민족국 가와 유사하지만 완벽하게 포개지지는 않는, 새로운 방식으

● 모멘트는 계정을 가진 사람이 친구들과 사진을 공유하고 서로 사 진에 '댓글'과 '좋아요'를 달 수 있는 개인 게시판이다.

로 지리적 제약을 무시하는 세분화된 거래 공동체는 현실에서도 이미 존재하고 있다.

과학기술과 문화를 연구하는 너새니얼 트카츠Nathaniel Tkacz는 결제 앱이 단순히 결제 서비스로서 경쟁하기보다는 세계를 경험하는 방식을 두고 경쟁한다는 사실에 주목해야 한다고 말한다. 그는 그런 경험의 돈이 평범한 거래에 일관된 가치를 의도적으로 주입한다고 말한다. 에릭 헬레이너의 주장대로 정부가 발행한 화폐가 국민에게 공통된 경제 언어를 제공한다면, 돈은 사적인 경제 커뮤니케이션 경험을 일관되게 제공한다.

●

거래 공동체를 오가는 삶

중국만이 아니다. 중국은 지나칠 정도로 자주 동양적 테크노 디스토피아의 유력한 후보로 언급된다. 외국에 교환학생으로 나가 있는 학생들은 서로 음료값, 음식값, 여행 경비, 생활비를 벤모로 지불한다고 말한다. 교환학생 제도가 그 지역의 문화에 몰입하도록 돕는다고 설명하지만, 이런 학생들은 어디로 가든지 자신의 미국인 친구들로 이루어진 거래 공동체에서 벗어나는 일이 거의 없다. 벤모를 통해 이들의 돈은 미국의 은행 계좌에서 미국의 은행 계좌를 오간다.

벤모 덕분에 학생들은 현재 머물고 있는 국가의 친구들과 소통하는 것만큼이나 빠르게 고향에 있는 사람들과 소통할 수 있다. 한 벤모 사용자의 말대로 부모에게서 돈을 받아 곧장 스페인 바르셀로나에 있는 친구에게 돈을 건넨다. 그 학생은 친구들과 함께 스페인 이비자Ibiza로 단체 여행을 떠났는데, 모든 공동 비용을 벤모로 정산해야 했기 때문에 새로 사귄 스페인 친구를 동참시키기가 어려웠다고 설명했다. 친구들은 이 문제를 해결하기 위해 스페인 친구가 자기 몫의 숙박비를 대신해 저녁 식사비와 음료값을 유로로 지불하는 것에 합의했다고 한다. 그들은 유로로 결제하는 일은 스페인 친구가 전담했다고 했다. 그 덕분에 미국 학생들은 스페인의 화폐를 만질 일이 거의 없었다.

미래의 거래 미디어나 그 거래 미디어가 만들어내는 거래 공동체가 어떤 모습을 하게 될지 아직은 확실하지 않다. 현재 새롭게 등장하고 있는 거래 미디어는 소셜미디어 돈이다. 소셜미디어 돈은 데이터 중심 경영 모델에 토대를 두고 있으며, 민간이 공급하고 감독한다. 단편적이고 계층적인 것도 있는 반면 보편적이고 대중적인 것도 있다. 대부분 우리의 돈과 정보를 법적 책임을 지지 않는 기업에 맡기도록 요구한다.

소셜미디어 돈이 분절되어 있다는 사실은 당신이 살고 있는 세계와 지금 바로 옆자리에 앉아 있는 사람이 살고 있는 세계가 완전히 다를 수 있음을 의미한다. 소셜미디어 돈이 둘 이상인 현실은 당신이 각기 다른 돈과 공동체 사이를 끊임없이 오가는 복잡한 거래를 하는 삶을 사는 사람일 수도 있음을 의미한다. 미래의 거래 공동체 주민은 동질적이지 않을 것이다. 우리는 다층적이고 유동적인 거래 정체성을 지니게 될 것이다. 여러 화폐를 다루면서 살 것이고 거래 정체성도 여러 개일 것이다.

참고문헌

Benedict Anderson, 『Imagined Communities: Reflections on the Origin and Spread of Nationalism』, London: Verso, 1983; 베네딕트 앤더슨, 서지원 옮김, 『상상된 공동체: 민족주의의 기원과 보급에 대한 고찰』, 길, 2018년.

Bill Maurer, 「Blockchains Are a Diamond's Best Friend: Zelizer for the Bitcoin Moment」, 『Money Talks: Explaining How Money Really Works』, edited by Nina Bandelj, Frederick F. Wherry, and Viviana A. Rotman Zelizer, pp.215~229, Princeton, NJ: Princeton University Press, 2017.

————, 『How Would You Like to Pay? How Technology Is Changing the Future of Money』, Durham, NC: Duke University Press, 2015.

————, 「Money as Token and Money as Record in Distributed Accounts」, 『Distributed Agency』, edited by N. J. Enfield and Paul Kockelman, pp.109~116, Oxford: Oxford University Press, 2017.

317

Bruno Latour, 「Technology Is Society Made Durable」, 『A Sociology of Monsters: Essays on Power, Technology, and Domination』, edited by John Law, pp.103~131, New York: Routledge, 1991.

Carolyn Marvin, 『When Old Technologies Were New: Thinking about Electric Communication in the Late Nineteenth Century』, New York: Oxford University Press, 1988.

China Miéville, 『The City and The City』, New York: Random House, 2010; 차이나 미에빌, 김창규 옮김, 『이중 도시』, 아작, 2015년.

Christine Desan, 『Making Money: Coin, Currency, and the Coming of Capitalism』, Oxford: Oxford University Press, 2014.

Clifford Geertz, 『The Interpretation of Cultures: Selected Essays』, New York: Basic Books, 1973; 클리퍼드 기어츠, 문옥표 옮김, 『문화의 해석』, 까치, 2009년.

danah boyd, 『It's Complicated: The Social Lives of Networked Teens』, New Haven, CT: Yale University Press, 2014.

David Birch, 『Before Babylon, Beyond Bitcoin: From Money that We Understand to Money That Understands Us』, London: London Publishing Partnership, 2017.

David Graeber, 『Debt: The First 5,000 Years』, Brooklyn, NY: Melville House, 2011; 데이비드 그레이버, 정명진 옮김, 『부채 그 첫 5,000년: 인류학자가 다시 쓴 경제의 역사』, 부글북스, 2011년.

─────────, 「Tallies」, 『Paid: Tales of Dongles, Checks, and Other Money Stuff』, edited by Bill Maurer and Lana Swartz, pp.133~144, Cambridge, MA: MIT Press, 2017.

David L. Stearns, 『Electronic Value Exchange: Origins of the VISA Electronic Payment System』, New York: Springer, 2011.

David M. Henkin, 『City Reading: Written Words and Public Spaces in Antebellum New York』, New York: Columbia University Press,

1998.

Deborah Lupton, 『The Quantified Self: A Sociology of Self-Tracking』, Cambridge, UK: Polity, 2016.

Dee Hock, 『Birth of the Chaordic Age』, San Francisco: Berrett-Koehler, 1999; 디 혹, 권진욱 옮김, 『카오딕: 혼돈과 질서의 혼재』, 청년정신, 2002년.

──────, 『One from Many: VISA and the Rise of the Chaordic Organization』, San Francisco: Berrett-Koehler, 2005.

Elizabeth McFall, Franck Cochoy, and Joe Deville, 「Introduction: Markets and the Arts of Attachment」, 『Markets and the Arts of Attachment』, edited by Franck Cochoy, Elizabeth McFall, and Joe Deville, pp.10~21, London: Routledge, 2017.

Emily Gilbert, 「Forging a National Currency」, 『Nation-States and Money: The Past, Present and Future of National Currencies』, edited by Emily Gilbert and Eric Helleiner, pp.25~46, New York: Routledge, 1999.

Emily Gilbert, and Eric Helleiner, eds., 『Nation-States and Money: The Past, Present and Future of National Currencies』, New York: Routledge, 1999.

Eric Helleiner, 『The Making of National Money: Territorial Currencies in Historical Perspective』, Ithaca, NY: Cornell University Press, 2002.

Fernand Braudel, 『The Structures of Everyday Life: Civilization and Capitalism, 15th-18th Century』, Vol.1, New York: HarperCollins, 1985; 페르낭 브로델, 주경철 옮김, 『물질문명과 자본주의 1-1: 일상생활의 구조 (상)』, 까치, 1995년.

Finn Brunton, 『Digital Cash: The Unknown History of the Anarchists, Utopians, and Technologists Who Created Cryptocurrency』,

Princeton, NJ: Princeton University Press, 2019.

Frank L. Holt, 『Lost World of the Golden King: In Search of Ancient Afghanistan』, Berkeley: University of California Press, 2012.

Georg Simmel, 「The Metropolis and Mental Life」, 『The Sociology of Georg Simmel』, translated by Kurt H. Wolff, pp.409~424, New York: Free Press, 1950; 게오르크 지멜, 김덕영 외 옮김, 『짐멜의 모더니티 읽기』, 새물결, 2006년.

─────────, 『The Philosophy of Money』, edited by David Frisby, Translated by Tom Bottomore and David Frisby, 3rd ed., London: Routledge, 2004; 게오르크 지멜, 김덕영 옮김, 『돈의 철학』, 길, 2013년.

Gretchen Soderlund, 「Communication Scholarship as Ritual: An Examination of James Carey's Cultural Model of Communication」, 『Thinking with James Carey: Essays on Communications, Transportation, History』, edited by Jeremy Packer and Craig Robertson, pp.101~116, New York: Peter Lang, 2006.

Howard Rheingold, 『The Virtual Community: Homesteading on the Electronic Frontier』, Reading, MA: Addison-Wesley, 1993.

Hyman P. Minsky, 『Stabilizing an Unstable Economy』, New Haven, CT: Yale University Press, 1986.

Immanuel Kant, 『The Philosophy of Law: An Exposition of the Fundamental Principles of Jurisprudence as the Science of Right』, Translated by William Hastie, Edinburgh: Clark, 1887.

Jacob Soll, 『The Reckoning: Financial Accountability and the Rise and Fall of Nations』, New York: Basic Books, 2014; 제이컵 솔, 정해영 옮김, 『회계는 어떻게 역사를 지배해왔는가: 르네상스부터 리먼사태까지 회계로 본 번영과 몰락의 세계사』, 메멘토, 2016년.

Jacques Derrida, 『Deconstruction and the Possibility of Justice』,

New York: Routledge, 1992.

James G. Cannon, 『Clearing-Houses: Their History, Methods and Administration』, London: Smith, Elder, 1900.

James W. Carey, 『Communication as Culture: Essays on Media and Society』, New York: Routledge, 2008.

Jane Bennett, 『Vibrant Matter: A Political Ecology of Things』, Durham, NC: Duke University Press, 2010.

Jane Guyer, 「Money Is Good to Think: From 'Wants of the Mind' to Conversation, Stories and Accounts」, 『Money in a Human Economy』, edited by Keith Hart, pp.43~60, New York: Berghahn Books, 2017.

Jaron Lanier, 『You Are Not a Gadget: A Manifesto』, New York: Vintage, 2011; 재런 러니어, 김상현 옮김, 『디지털 휴머니즘: 디지털 시대의 인간회복 선언』, 에이콘출판, 2011년.

Joe Deville, 「Paying with Plastic: The Enduring Presence of the Credit Card」, 『Accumulation: The Material Politics of Plastic』, edited by Jennifer Gabrys, Gay Hawkins, and Mike Michael, pp.87~104, New York: Routledge, 2013.

John Cheney-Lippold, 『We Are Data: Algorithms and the Making of Our Digital Selves』, New York: NYU Press, 2017.

John Durham Peters, 『Speaking into the Air: A History of the Idea of Communication』, Chicago: University of Chicago Press, 1999.

Jonathan Sterne, 「Transportation and Communication: Together as You've Always Wanted Them」, 『Thinking with James Carey: Essays on Communications, Transportation, History』, edited by Jeremy Packer and Craig Robertson, pp.117~136, New York: Peter Lang, 2006.

Josh Braun, 『This Program Is Brought to You By…: Distributing

Television News Online』, New Haven, CT: Yale University Press, 2015.

Josh Lauer, 『Creditworthy: A History of Consumer Surveillance and Financial Identity in America』, New York: Columbia University Press, 2017.

Joshua Elias Lachter, 『The Western Union Telegraph Company's Search for Reinvention, 1930-1980』, Cambridge, MA: Harvard University Press, 2009.

Karl Polanyi, 『Primitive, Archaic, and Modern Economics: Essays of Karl Polanyi』, edited by George Dalton, Garden City, NY: Anchor Books, 1968.

Keith Hart, 『Money in an Unequal World: Keith Hart and His Memory Bank』, New York: Textere, 2001.

Keith Hart ed., 『Money in a Human Economy』, New York: Berghahn Books, 2017.

Lana Swartz and David Stearns, 「Money and Its Technologies in the Modern Era」, 『History of Money: The Modern Era』, edited by Taylor C. Nelms and David Peterson, London: Bloomsbury, 2019.

Leah A. Lievrouw, 「Materiality and Media in Communication and Technology Studies: An Unfinished Project」, 『Media Technologies: Essays on Communication, Materiality, and Society』, edited by Tarleton Gillespie, Pablo J. Boczkowski, and Kirsten A. Foot, pp.21~52, Cambridge, MA: MIT Press, 2014.

Lee Humphreys, 『The Qualified Self: Social Media and the Accounting of Everyday Life』, Cambridge, MA: MIT Press, 2018.

Lisa J. Servon, 「Checks」, 『Paid: Tales of Dongles, Checks, and Other Money Stuff』, edited by Bill Maurer and Lana Swartz, pp.13~18, Cambridge, MA: MIT Press, 2017.

————, 『The Unbanking of America: How the New Middle Class Survives』, Boston: Houghton Miffl in Harcourt, 2017.

Manuel Castells, 『Communication Power』, Oxford: Oxford University Press, 2009.

Manuel Castells, 『The Rise of the Network Society』, Cambridge, MA: Blackwell, 1996; 마누엘 카스텔스, 김묵한 옮김, 『네트워크 사회의 도래: 정보시대: 경제 사회 문화 1』, 한울아카데미, 2014년.

Marilyn Strathern, 『The Gender of the Gift』, Berkeley: University of California Press, 1988.

Mark Blackwell ed., 『The Secret Life of Things: Animals, Objects, and It- Narratives in Eighteenth-Century England』, Lewisburg, PA: Bucknell University Press, 2007.

Mary Poovey, 『A History of the Modern Fact: Problems of Knowledge in the Sciences of Wealth and Society』, Chicago: University of Chicago Press, 1998.

Matty Simmons, 『The Credit Card Catastrophe: The 20th Century Phenomenon That Changed the World』, New York: Barricade Books, 1995.

Mehrsa Baradaran, 『How the Other Half Banks: Exclusion, Exploitation, and the Threat to Democracy』, Cambridge, MA: Harvard University Press, 2015.

Michael Power ed., 『Riskwork: Essays on the Organizational Life of Risk Management』, Oxford: Oxford University Press, 2016.

Michael Turner, Patrick Walker, Sukanya Chaudhuri, Joseph Duncan, Robin Varghese, and Walter Kitchenman, 『A Reexamination of Who Gains and Who Loses from Credit Card Payments』, Durham, NC: Policy and Economic Research Council, 2013.

Miranda Joseph, 『Against the Romance of Community』, Minneapolis: University of Minnesota Press, 2002.

Neal Stephenson, 『The Diamond Age; or, A Young Lady's Illustrated Primer』, New York: Bantam Doubleday Dell, 1995; 닐 스티븐슨, 황나래 옮김, 『다이아몬드 시대』, 시공사, 2003년.

Nigel Dodd, 『The Social Life of Money』, Princeton, NJ: Princeton University Press, 2014.

──────, 「Utopian Monies: Complementary Currencies, Bitcoin, and the Social Life of Money」, 『Money Talks: Explaining How Money Really Works』, edited by Nina Bandelj, Frederick F. Wherry, and Viviana A. Rotman Zelizer, pp.230~248, Princeton, NJ: Princeton University Press, 2017.

Omarosa N. Manigault, 『Unhinged: An Insider's Account of the Trump White House』, New York: Gallery Books, 2018.

Paul Edwards, 「Infrastructure and Modernity: Scales of Force, Time, and Social Organization in the History of Sociotechnical Systems」, 『Modernity and Technology』, edited by Thomas J. Misa, Phillip Brey, and Andrew Feenberg, pp.185~225, Cambridge, MA: MIT Press, 2003.

Peter Z. Grossman, 『American Express: The Unofficial History of the People Who Built the Great Financial Empire』, New York: Crown, 1987.

Philip L. Fradkin, and J. S Holliday, 『Stagecoach: Wells Fargo and the American West』, New York: Simon and Schuster, 2003.

Rebecca Spang, 『Stuff and Money in the Time of the French Revolution』, Cambridge, MA: Harvard University Press, 2017.

Richard R. John, 『Spreading the News: The American Postal System from Franklin to Morse』, Cambridge, MA: Harvard

University Press, 1998.

Robert A. Hendrickson, 『The Cashless Society』, New York: Dodd, Mead, 1972.

Robert W. Gehl, 『Reverse Engineering Social Media: Software, Culture, and Political Economy in New Media Capitalism』, Philadelphia: Temple University Press, 2014.

Robert J. Foster, 「In God We Trust? The Legitimacy of Melanesian Currencies」, 『Money and Modernity: State and Local Currencies in Melanesia』, edited by David Akin and Joel Robbins, pp.214~231, Pittsburgh: University of Pittsburgh Press, 1999.

Roger Silverstone, 『Why Study the Media?』, London: Sage, 1999; 로저 실버스톤, 김세은 옮김, 『왜 미디어를 연구하는가』, 커뮤니케이션북스, 2009년.

Sarah Banet-Weiser, 『Authentic TM: Politics and Ambivalence in a Brand Culture』, New York: NYU Press, 2012.

Sybille Krämer, 『Medium, Messenger, Transmission: An Approach to Media Philosophy』, Amsterdam: Amsterdam University Press, 2015.

Tarleton Gillespie, 『Custodians of the Internet: Platforms, Content Moderation, and the Hidden Decisions That Shape Social Media』, New Haven, CT: Yale University Press, 2018.

Taylor C. Nelms, 「Accounts」, 『Paid: Tales of Dongles, Checks, and Other Money Stuff』, edited by Bill Maurer and Lana Swartz, pp.41~52, Cambridge, MA: MIT Press, 2017.

Taylor C. Nelms, and Bill Maurer, 「Materiality, Symbol and Complexity in the Anthropology of Money」, 『The Psychological Science of Money』, edited by Erik Bijleveld and Henk Aarts, pp.37~70,

New York: Springer, 2014.

Virginia Eubands, 『Automating Inequality: How High-Tech Tools Profile, Police, and Punish the Poor』, New York: St. Martin's, 2018; 버지니아 유뱅크스, 김영선 옮김, 『자동화된 불평등: 첨단 기술은 어떻게 가난한 사람들을 분석하고, 감시하고, 처벌하는가』, 북트리거, 2018년.

Virginia Hewitt, 『Beauty and the Banknote: Images of Women on Paper Money』, London: British Museum Press, 1994.

Viviana A. Zelizer, 「Circuits of Commerce」, 『Self, Social Structure, and Beliefs: Explorations in Sociology』, edited by Jeffrey C. Alexander, Gary T. Marx, and Christine L. Williams, pp.122~144. Berkeley: University of California Press, 2004.

───────────, 『The Purchase of Intimacy』, Princeton, NJ: Princeton University Press, 2005; 비비아나 A. 젤라이저, 숙명여자대학교 아시아여성연구 옮김, 『친밀성의 거래』, 에코리브르, 2009년.

───────────, 『The Social Meaning of Money』, Princeton, NJ: Princeton University Press, 1997.

디지털 화폐가
이끄는
돈의 미래
ⓒ 라나 스워츠, 2021

초판 1쇄 2021년 2월 10일 펴냄
초판 5쇄 2021년 6월 17일 펴냄

지은이 | 라나 스워츠
옮긴이 | 방진이
펴낸이 | 이태준

기획·편집 | 박상문, 고여림
디자인 | 최진영
관리 | 최수향
인쇄·제본 | (주)삼신문화

펴낸곳 | 북카라반
출판등록 | 제17-332호 2002년 10월 18일

주소 | (04037) 서울시 마포구 양화로7길 6-16 서교제일빌딩 3층
전화 | 02-325-6364
팩스 | 02-474-1413
www.inmul.co.kr | cntbooks@gmail.com

ISBN 979-11-6005-097-4 03320
값 16,000원